F. FERBER

L'AVIATION

SES DÉBUTS — SON DÉVELOPPEMENT

De Crête à Crête

De Ville à Ville

De Continent à Continent

BERGER-LEVRAULT & Cie, ÉDITEURS

PARIS
Rue des Beaux-Arts, 5—7

NANCY
Rue des Glacis, 18

1909

CINQUIÈME TIRAGE

PRÉFACE

Il n'est peut-être pas inutile, au moment de la publication de cette nouvelle brochure, d'expliquer la nature et la marche de mes travaux.

C'est en 1898 que, les expériences de Lilienthal m'ayant frappé, il devint évident pour moi que cet homme avait découvert une méthode pour apprendre à voler, et que l'aviation devait résulter fatalement de l'application de cette méthode par la possibilité qu'elle donnait de faire des expériences personnelles et de les recommencer à volonté.

A cette époque, il faut rappeler que Lilienthal était considéré par ses compatriotes comme un acrobate et par les Français comme un parachutiste. Mon seul mérite a consisté à voir clair dans la question et à considérer comme un devoir de recommencer ses expériences, afin de faire profiter la France du mouvement qui devait en résulter.

Cette idée est d'ailleurs bientôt devenue maîtresse de mon esprit et c'est pourquoi je n'ai jamais pris attitude d'inventeur, « mais bien de vulgarisateur ».

La marche de l'automobilisme a été d'ailleurs pour moi un puissant exemple, et mon but, depuis dix ans, a toujours été la création d'une industrie parallèle, par les mêmes moyens qui avaient réussi une fois. Pour réaliser cette conception qui paraissait un rêve à mon entourage, il n'y avait qu'à utiliser un procédé vieux comme le monde, et qui réussit toujours. Il fallait faire des faits, puis parler et écrire sur ces faits.

Les premiers faits se firent attendre trois ans et ce n'est qu'avec mon quatrième aéroplane que je pus exécuter un parcours le 7 décembre 1901. Il m'avait fallu tout ce temps pour découvrir une chose que Lilienthal n'avait pas mentionnée : c'est qu'il s'était servi de vents ascendants pour faire ses vols planés et que sans vent ascendant il est impossible d'en faire.

Ce premier parcours suffisait pour montrer que le coefficient de résistance de l'air à appliquer aux aéroplanes était beaucoup plus grand qu'on ne pensait, et c'était là un précieux encouragement (¹).

En dernier lieu, il résultait des expériences que la conception d'un aéroplane ne signifiait pas grand'-chose, que sa construction valait déjà mieux, car, pour construire, il fallait solutionner une quantité infinie de détails dont chacun à lui seul constituait une invention, mais que tout cela enfin n'était rien si l'on ne possédait pas le *moyen d'expérimenter* et de recommencer l'expérience. C'était là l'apport de Lilienthal. Il était immense.

---

(1) Note publiée aux *Comptes Rendus de l'Académie des sciences* du 25 mars 1907.

Vers la même époque (février 1902), grâce à
M. O. Chanute, je reçus la communication des brochures et photographies des travaux des frères
Wright de 1900 et 1901, et ils étaient si probants
et si remarquables qu'il n'était pas difficile de prévoir qu'ils arriveraient facilement à la machine à
voler complète. Mais tel était à ce moment l'état de
discrédit dans lequel se trouvait auprès du public
l'idée de l'aviation, que le contenu de ces brochures
ne parvint à son entendement, à la suite de ma
campagne de vulgarisation, que trois ans après !

Partis avec M. Chanute sur la même idée que
moi, c'est-à-dire que l'application de la méthode
Lilienthal devait conduire à la machine volante, ils
avaient adopté un mode de construction pratique et
imaginé des gouvernails commodes qui constituaient
un grand progrès.

Pour ramener l'invention en France, il fallait donc
les poursuivre sur la même piste et les rattraper.
Je construisis mon aéroplane n° 5 sur leurs données,
et mes parcours s'améliorèrent considérablement.
Pendant les années 1902 et 1903, la presse spéciale
en publia des photographies et l'Aéro-Club du
Rhône demanda une conférence, qui donna lieu à
la première brochure des *Progrès de l'aviation par le
vol plané* (*Revue d'Artillerie* — mars 1904). Cette
brochure servit à documenter une quantité d'articles
de différents auteurs qui s'irradièrent dans le monde
entier. L'agitation commençait. Elle fut appuyée
avec véhémence par M. Archdeacon, qui fit à ce
sujet des articles par centaines. En même temps, le

lendemain de ma conférence, partait pour Paris un jeune Lyonnais décidé à faire fortune par l'aviation : M. Voisin.

Il entra au service de M. Archdeacon et je me hâtai de lui apprendre la pratique du maniement des appareils. C'est lui qui a certainement le mieux acquis le concept que je voulais vulgariser [1].

Entre temps, j'avais construit à Nice un gigantesque pylône et ajouté un moteur de 6 chevaux à mon aéroplane. Tous ces travaux firent que le colonel Renard me demanda si je voulais lui être adjoint. J'acceptai, mais ce fut peut-être un tort, car je perdis ainsi ma liberté d'action. Après sa mort, ne jouissant à Chalais d'aucune situation privilégiée, je n'eus à ma disposition aucun crédit spécial et je fus même obligé d'appointer un ouvrier pour pouvoir exécuter ce qu'il me fallait.

J'appris ainsi à mes dépens que les progrès ne peuvent se faire par le bas d'une hiérarchie. Ils peuvent d'ailleurs se faire difficilement par le sommet, car, étant distribué à des subalternes par ordre, le travail est alors mal fait par des gens qui n'y prennent aucun goût. C'est ce qui explique en partie l'inertie des grandes administrations.

Malgré tout, je pus, grâce à la *Revue d'Artillerie* [2], faire entendre encore ma voix et faire connaître mes progrès. J'avais perfectionné les gou-

---

[1] Aujourd'hui il est à la tête de la première usine d'aéroplanes créée — et il réussit.

[2] Article reproduit dans une deuxième brochure : *Pas à Pas, Saut à Saut, Vol à Vol.* 1905. Berger-Levrault et Cie.

vernails, adopté la longue queue qui stabilise automatiquement et placé des roues qui facilitent l'atterrissage. Enfin, pour me débarrasser de l'influence troublante du vent, j'avais établi un plan incliné de lancement au moyen de pylônes et de câbles qui lançaient l'aéroplane dans l'espace avec une vitesse de 10 m à la seconde environ.

Comme détail particulier, j'avais bien eu soin de suspendre l'aéroplane au chariot roulant sur le câble, au point où devait s'appliquer la résistance de l'air, afin que le mouvement de l'aéroplane, pendant qu'il était captif, différât le moins possible de celui où il devenait libre.

C'est une condition essentielle de bonne réussite, elle est générale et c'est pourquoi, en partant du sol même, il faut s'équilibrer sur une seule roue placée à l'aplomb du point où s'exercera la résistance de l'air.

Mes vols planés devenant de plus en plus stables et de plus en plus longs, il était urgent de trouver un moteur qui pût me permettre de faire des vols horizontaux. J'avais essayé 6 chevaux, puis 12 chevaux, le 27 mai 1905, et cela était insuffisant encore. Il fallait pousser jusqu'à 24 chevaux. Aucun constructeur ne daignait s'occuper de la question d'aviation. C'est alors que je fis la connaissance de M. Levavasseur. Cet inventeur remarquable avait établi un moteur de 80 chevaux de 2 kg le cheval, qui, placé dans un canot nommé *Antoinette*, lui faisait gagner toutes les courses.

Je pressentis que j'avais trouvé l'inventeur qu'il

me fallait et en effet il voulut bien étudier pour moi
un moteur de 24 chevaux de 2 kg le cheval. Cela
paraissait inouï à tous les constructeurs — et aussi
à mes chefs — qui ne pouvaient engager une dépense de l'État et demander un crédit pour un moteur de 24 chevaux non encore commencé.

Je l'essayai cependant et je fis rapport sur rapport, calcul sur calcul. Cela ne m'a pas servi pour
obtenir un crédit, mais cela a empêché que l'on ne
me traitât d'empirique. Il était temps, car, n'ayant
jamais voulu mêler l'analyse à une question d'aviation pratique, qui pour moi n'en comportait pas, je
risquais de passer pour un ignorant aux yeux des
dogmatiques qui, en France très nombreux, croient
que la science dirige la pratique, alors qu'elle ne
fait que la suivre en l'éclairant.

Ces calculs ont paru successivement dans la *Revue d'Artillerie* (octobre-novembre 1905, décembre
1906). Ils sont reproduits dans cette nouvelle brochure. Ils ne pouvaient pas servir pendant la période de tâtonnement d'où nous sortons. Ils pourront servir dans l'avenir pour établir un projet ou
pour stabiliser une machine par une répartition plus
convenable des masses. La théorie y est poussée
plus loin que dans les ouvrages similaires où les
forces d'inertie n'ont jamais été envisagées, ni la
trajectoire suivie en dehors du plan de symétrie.
Enfin, jamais il n'avait été publié de formules com-
plètes sur l'hélice aérienne propulsive. J'espère donc
pouvoir, par cette publication, rendre service aux
ingénieurs qui désirent s'occuper de la question.

Quant aux aviateurs, ils feront bien de continuer à suivre la méthode de l'expérimentation directe à la Lilienthal.

Tous ceux qui, à ma suite, l'ont employée ([1]), ont parcouru dans l'air un certain espace. Cet espace ne fera que croître et l'on verra ainsi, comme le prouve la théorie, que la stabilité est automatique pour un appareil rationnel. Il est par conséquent inutile de perdre son temps à chercher des hélices sustensives, des gouvernails automatiques ou des dispositifs soi-disant stabilisateurs. Il faut simplement avoir des gouvernails pour parer aux incidents et surtout savoir s'en servir. Cette brochure est la dernière de la série qui a débuté en 1904 avec « Les Progrès de l'Aviation par le vol plané », « Les Calculs » et « Pas à Pas, Saut à Saut, Vol à Vol ». Elle marque la fin du rôle que j'ai voulu jouer et qui a été de faire passer de l'étranger en France des moyens qui, fatalement, devaient conduire à la conquête de l'air par le plus lourd. J'ai joué le rôle d'un ferment en renseignant à temps les chercheurs sur ce qui se faisait et sur ce qui pouvait se faire.

Je n'ai pas réussi aussi vite que je l'espérais, et personnellement j'ai été obligé de céder la place à d'autres pour des raisons matérielles; mais, en somme, les choses se sont développées comme je l'ai annoncé. Cela m'encourage à faire de nouvelles prédictions nécessaires, car maintenant l'organisation de la victoire doit commencer.

---

[1] Santos-Dumont, Delagrange, Voisin, Vuia, Blériot, Esnault-Pelterie, Farman.

Je désire payer un juste hommage de reconnaissance à M. Archdeacon dont la voix plus libre portait plus haut que la mienne, et qui par ses prix a
déterminé la victoire. Je remercie particulièrement
M. Blériot qui le premier a eu confiance en moi
et m'a aidé matériellement en 1906, et enfin M. Levavasseur qui m'a aidé pour la partie mécanique.

Par un sentiment d'amour-propre peut-être excusable, j'ai retardé la publication de cette brochure,
prête depuis le gain du prix Deutsch-Archdeacon,
jusqu'au jour où j'ai pu moi-même prouver ce que
j'avançais en partant du sol dans mon aéroplane
n° 9 et en exécutant un vol mécanique sur une trajectoire horizontale.

Paris, 26 juillet 1908.

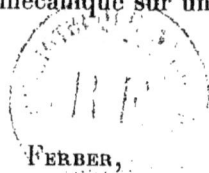

FERBER,
Capitaine d'artillerie en congé.

L'AVIATION

SES DÉBUTS — SON DÉVELOPPEMENT

> « Concevoir une machine volante n'est rien ;
> « La construire est peu ;
> « L'essayer est tout (¹). »

Quel était le bilan de l'aviation à la fin du siècle passé ? — Exactement ceci : Du milieu de la foule sceptique et même hostile, qui traitait l'aviation de folle utopie, émergeait de tout temps une poignée d'individus outrageusement résolus qui affirmaient, contre le veto de tous les savants officiels du monde, la possibilité du vol mécanique, ce rêve qui hantait l'humanité depuis qu'il y avait des yeux pour voir les ébats des oiseaux dans le ciel.

Le veto du monde savant, qui influençait si fâcheuse-

---

(1) J'avais mis ces quelques mots en tête de mon premier article de la *Revue d'Artillerie*, parce qu'ils résumaient dans ma pensée la seule méthode qui devait conduire au succès. M. le commandant Ferrus, avec sagesse, me conseilla de ne pas signer, moi inconnu, ces lignes, mais de les attribuer à Lilienthal, dont en somme ils représentaient synthétiquement l'œuvre. Ces lignes ont eu le plus grand succès et ont été reproduites partout. En Allemagne, on a cherché dans les livres de Lilienthal et naturellement on n'a rien trouvé. Alors on a carrément traduit. Le major Mœdebeck a traduit dans les *Aeronautische Mitteilungen*, en 1903 : *Einen Drachenflieger zu erfinden ist kein Kunststück, einen zu bauen ist bereits schwieriger, aber zu fliegen, das ist alles.* Le Dr de Rosenberg a traduit dans la *Neue Freie Presse*, en 1906 : *Eine Flugmaschine erfinden heisst gar nichts, sie bauen nicht viel, sie versuchen ist alles.* C'est cette dernière traduction que je préfère.

ment là foule ignorante, tenait à une loi [1], due à Newton, radicalement fausse et que personne, par respect ou par paresse, ne s'était avisé de contrôler par l'expérience [2]. Il y a quelquefois dans les livres classiques et les formulaires de ces hérésies religieusement reproduites d'édition en édition et qui entachent gravement, devant la foule respectueuse, la responsabilité des élites qui ont charge de l'instruire.

Heureusement les oiseaux volaient et c'était pour cette poignée d'irréductibles une raison suffisante pour travailler toujours. Sans doute, parmi ceux-là se trouvaient beaucoup de rêveurs ou d'hommes trop peu préparés scientifiquement ; mais avec le recul des années on peut juger aujourd'hui que leurs voix n'ont pas été vaines.

Leurs efforts se sont disséminés sur les types de machines volantes divers, mais qu'un savant congrès a pu répartir en trois classes dès 1889, époque à laquelle aucun aviateur n'avait quitté le sol et où il fallait un vrai courage devant l'opinion hostile pour oser légiférer sur une matière aussi ingrate. Ces trois classes sont : les ornithoptères, les hélicoptères et les aéroplanes.

1° Ornithoptères [3]

Les ornithoptères se soutiennent dans l'air par des ailes battantes : c'est l'imitation directe de l'oiseau ;

---

[1] C'est la loi du sinus carré. Je n'en avais pas parlé dans mes ouvrages précédents, car j'estimais qu'il ne fallait plus en parler. Cependant elle est encore inscrite dans tous les formulaires ! Et dans les comptes rendus de l'Académie du 25 mars 1907, côte à côte sont deux articles sur l'aviation, dont l'un fait encore état de cette loi fausse. Elle obligerait nos aéroplanes à porter 500 m², là où ils n'en portent que 50.

[2] Cependant les expériences du colonel Duchemin existaient, mais ou bien on les passait sous silence, ou bien on mettait leur exactitude en doute.

[3] On écrivait jusqu'à présent *orthoptère*, mais la commission de terminologie de l'Aéro-Club de France, ayant fait remarquer que les battements n'étaient pas droits, que de plus ce nom appartenait aussi à une classe d'insectes, a adopté en juin 1907 le mot *ornithoptère*, proposé par le commandant Renard.

aussi les débutants sont-ils souvent attirés vers ce type
historiquement aussi le plus anciennement présenté. Il a
contre lui une grosse difficulté : faire l'articulation de
l'épaule solide. De plus, si l'on adopte simplement le
battement de haut en bas, on n'a pour soi que le coefficient orthogonal de la résistance de l'air (0,085) si petit
qu'il ne donne à l'aile qu'un rendement dérisoire. Si
l'oiseau rameur se soutient, c'est que son aile exécute un
mouvement hélicoïdal d'avant en arrière et de haut en
bas qui a un rendement merveilleux [1]. Ce mouvement
est connu par les précieuses photographies de M. Marey
et les travaux de M. Drzewiecki. Rien n'empêche de le
réaliser de plusieurs manières fatalement lourdes, compliquées et peu solides.

Enfin il faut considérer que les moteurs que l'homme
a inventés actionnent très facilement des mouvements ro-
tatifs et très difficilement des mouvements alternatifs [2].

Pour cette raison et bien que j'estime le rendement de
l'aile supérieur à celui de tout autre propulseur, je crois
que dans l'état actuel de l'industrie il n'y a que des dé-
ceptions à retirer de l'étude [3] des ornithoptères.

2° Hélicoptères

Les difficultés énumérées ci-dessus rendent les partisans des ornithoptères peu nombreux. On ne saurait en

[1] Aussi plusieurs inventeurs remplacent-ils l'aile battante par une roue
à aubes.
[2] On trouvera dans l'ouvrage de Tissandier, *La Navigation aérienne*,
les descriptions des machines de Léonard de Vinci (1500), Besnier (1678),
de Bacqueville (1742), Bourcart (1866), Dandrieux (1879), Degen (1812),
Letur (1852), de Groof (1864), Bréant (1854), Jobert (1871), Pénaud (1872),
Hureau de Villeneuve (1872), Trouvé (1870), Pichancourt (1889).
[3] Conseil aux partisans des ornithoptères : Tous les vertébrés ayant un
ancêtre commun, nous possédons dans la main les mêmes os et les mêmes
muscles que l'oiseau dans son aile. Après avoir analysé les mouvements au
moyen des photographies Marey, nous pouvons reproduire avec la main ce
mouvement hélicoïdal et par conséquent avoir continuellement sous les yeux
le modèle à imiter.

dire autant pour les partisans des hélicoptères, car ils
sont légion. Il y en a neuf sur dix. C'est la faute de
Montgolfier : il leur a infusé le microbe du ballon dans
le sang et ils ne conçoivent le mouvement de translation
qu'après l'ascension. L'hélicoptère est par essence une
machine qui s'élève, car c'est une hélice à axe vertical.
Déjà en 1784 un premier modèle mû par un ressort en
baleine a été présenté à l'Académie des sciences[1];
vers 1849, plusieurs jouets furent construits[2], qui don-
nèrent grand espoir; enfin, Ponton d'Amécourt (1863),
avec des ressorts de montre, puis Pénaud (1870), avec
des ressorts en caoutchouc, continuèrent brillamment la
série. Mais malgré le nombre des adhérents, l'hélicoptère
réussira difficilement. Cela tient au faible rendement de
l'hélice sustentatrice, rendement dont le regretté colonel
Renard a exposé devant l'Académie des sciences[3] la
théorie assez décevante. Il ne faut pas oublier toutefois
que ce même savant a prédit qu'à partir du moment où
le poids des moteurs aurait été réduit à 2 kg par cheval,
la solution serait possible. On a d'abord constaté l'enlèvement de l'hélicoptère Forlanini en 1878. Il était mû
par un moteur à vapeur surchauffée. Il n'emportait donc
pas son foyer. Le poids était d'environ 4 kg. En 1905,
les frères Dufaux font élever un hélicoptère de 17 kg, et
en 1907, MM. Breguet et Richet signalent l'enlèvement
d'un hélicoptère qu'ils appellent gyroplane et assez
grand pour porter un homme. Toutefois, il est retombé
et s'est brisé. Ce n'est pas encore une expérience bien
décisive. L'hélicoptère Cornu s'est soulevé aussi en décembre 1907, mais avec un équilibre précaire.

Les partisans des hélicoptères oublient toujours que
le but que les aviateurs doivent rechercher n'est pas de

---

(1) Par Launoy et Bienvenu.
(2) Par Philipps, Marc Séguin, Babinet.
(3) *Comptes rendus de l'Académie des sciences*, 23 novembre 1903,
p. 843, et 7 décembre 1903, p. 970.

s'élever dans les airs, mais de *se transporter d'une ville dans une autre* par la voie la plus courte. Cela seul peut donner des bénéfices moraux et commerciaux qui permettront de perfectionner les machines.

A la complication effroyable de mettre en mouvement deux hélices sustentatrices d'au moins 6 m de diamètre, les hélicoptéristes voient alors bientôt s'ajouter, pour pouvoir se déplacer, la complication d'une nouvelle hélice propulsive mue peut-être par un second moteur. D'aucuns, pour simplifier, comptent incliner tout le système, afin que les hélices sustentatrices servent aussi à la propulsion. Ils oublient ainsi la différence essentielle qui les sépare (¹) et ils se préparent des difficultés d'équilibre dont ils n'ont pas l'air de se douter.

Beaucoup de personnes se tournent en effet vers l'hélicoptère parce qu'elles pensent qu'un tel engin avec le centre de gravité très bas est forcément stable. C'est une erreur. Il n'y a que deux forces dans un hélicoptère : la résultante due aux hélices et la pesanteur. Ces deux forces doivent donc passer par le centre de gravité. Si elles n'y passent pas, il y aura par rapport au centre de gravité un « moment » que rien n'équilibrera et qui donnera naissance à une rotation fâcheuse. Si elles y passent, l'équilibre sera indifférent, c'est-à-dire avec rupture possible à la moindre cause extérieure. Enfin, les deux hélices tournant en sens inverse ne peuvent matériellement pas être absolument semblables, l'une sera prépondérante par rapport à l'autre et de là naîtra encore une rotation moins nuisible, mais quand même désagréable.

Pour stabiliser un hélicoptère, il faudrait pouvoir ajouter une troisième force. Si j'en faisais un, je suspendrais au-dessous par un câble une masse additionnelle. Cela suffirait, en jouant un rôle analogue à la queue des cerfs-volants.

(¹) Une hélice pour porter beaucoup doit être grande, tourner lentement et avancer peu ; une hélice, pour avancer beaucoup, doit tirer peu et tourner vite.

Le nombre des hélicoptéristes n'a pas diminué depuis le récent succès des aéroplanes. C'est singulier. Tout au plus veulent-ils bien ajouter des plans et faire un appareil mixte. La lancée nécessaire au départ leur répugne. Ils ne se rendent pas compte que la longueur de cette lancée se réduira de plus en plus (1). Mais il est temps de définir la troisième classe des machines volantes.

3° Aéroplanes

Enfin, les aéroplanes se composent essentiellement d'une surface que l'on déplace dans l'air avec une grande rapidité. Les partisans des aéroplanes sont ceux qui savent que l'ascension peut être une conséquence du mouvement de translation : c'est une fleur qui naît de la vitesse.

Cela se comprend assez, car lorsqu'un aéroplane flotte dans l'air c'est que toutes les forces qui lui sont appliquées se font équilibre et par conséquent le laissent libre d'obéir à la moindre force supplémentaire qui d'aventure se fait sentir ; il changera de plan aussi facilement en dessus qu'en dessous à la moindre sollicitation du gouvernail, à la moindre bouffée de vent et, si le vent est debout, il y a beaucoup plus de chances pour que le changement de plan se fasse en dessus qu'en dessous.

Les mêmes phénomènes se reproduisent dans le sous-marin pour les mêmes raisons, aussi la rencontre d'un écueil sous un angle un peu oblique n'est-elle pas pour eux aussi dangereuse que pour les bateaux ordinaires : ils bondissent par-dessus ou dévient par côté sans effort.

En définitive, un aéroplane est un cerf-volant qui remplace la traction de la corde par l'effort d'un propulseur.

---

(1) Cette espérance ne les désarme pas. Un grand industriel belge — qui pourrait donner un très grand prix — veut qu'on parte de sa cour entre quatre murs pour éliminer absolument le concurrent aéroplane !

S'il n'y a pas de propulseur, un vent ascendant peut en tenir lieu. S'il n'y a ni propulseur ni vent ascendant, l'aéroplane descend doucement et obliquement vers la terre ([1]).

L'oiseau qui ne bat pas des ailes est un aéroplane, de sorte qu'il y a entre un cerf-volant et un oiseau planeur la plus grande analogie.

Chose infiniment curieuse comme donnée psychologique, il n'y a pas très longtemps que l'esprit humain s'est montré apte à saisir cette analogie. Cela est regret-

Fig. 1.

Le premier projet d'aéroplane date de 1843 ; c'est celui de Henson. Il n'a pu être réalisé qu'en petit et était instable. (Voir *l'Illustration* de 1843.)

table, car le cerf-volant remontant à la plus haute antiquité, il y a longtemps que l'aéroplane, en tant du moins qu'*aérotoboggan,* aurait amusé les générations passées comme il délectera les générations futures.

L'aéroplane jouit, par rapport aux deux systèmes précédents, de l'avantage de la loi de la résistance de l'air la plus favorable. En effet, j'ai signalé que le coefficient de la résistance de l'air à employer dans le cas du mouvement oblique d'une surface d'aéroplane est presque dix

---

([1]) Un cerf-volant est également un aéroplane à l'ancre.

fois plus grand que dans le cas du mouvement orthogonal d'un plan ([1]). Ce fait, soupçonné déjà en 1901,
sera, je l'espère, pleinement élucidé dans la suite de ce
travail.

Cela donne à ce genre de machine volante une supériorité incontestable ([2]) et c'est pour cela que l'on a déjà
vu des hommes traverser l'air en aéroplane et qu'on n'en
a pas encore vu arriver d'une autre façon à ce résultat.

Cependant l'aéroplane paraît avoir deux graves défauts
qui font dire à bien des gens qu'il ne peut pas avoir la
prétention d'être la machine volante de l'avenir. Il semble en effet assez instable et il faut, pour qu'il commence
à flotter, lui communiquer une grande vitesse initiale.

Cette réputation d'instabilité a été répandue autrefois
par les anciens expérimentateurs eux-mêmes qui opé-
raient sur de petits modèles. Or un petit modèle est très
effrayant. Il finit toujours par rencontrer quelque circonstance extérieure qui le fait chavirer. En principe,
celui qui fait trop de modèles ne montera jamais en aéroplane. Pourtant, si l'on observe froidement ces naufrages,
on s'aperçoit qu'un tout petit coup de barre donné au
moment voulu aurait remédié à tout. C'est pourquoi j'ai
toujours affirmé qu'il fallait une intelligence à bord.
Beaucoup d'inventeurs veulent remplacer cette intelligence par des mécanismes automatiques. J'ai pour ma
part très peur qu'ils ne fonctionnent à faux et ne préci-
pitent la catastrophe.

Dans la torpille, les gouvernails sont automatiques ([3]),

---

(1) Cela fait tomber l'objection sans cela inattaquable des partisans des
hélicoptères qui disent : « Une hélice a déjà beaucoup de peine à enlever
son moteur. Comment espérez-vous faire mieux en lui donnant en plus à
entraîner une surface ? »

(2) Si le colonel Renard a prédit qu'à partir de 2 kg par cheval les hélicoptères voleraient, il a prédit aussi qu'à partir de 7 kg par cheval les aéroplanes voleraient. Or ce dernier résultat est atteint depuis 1902 et le premier
vol de Wright avec son aéroplane à moteur est du 17 décembre 1903.....

(3) La torpille est la machine la plus parfaite créée par l'homme à son
image. Elle est douée en effet de l'axe reflexe. Elle a trois sens : le sens

mais il faut des réglages constants ; dans le sous-marin, où le problème est le même, on a supprimé l'automatisme et l'on préfère se confier à l'intelligence de l'homme.

Enfin, beaucoup de personnes se figurent un aéroplane aussi instable qu'une assiette portée au bout d'un bâton : c'est une grosse erreur, mais pour la faire comprendre il est nécessaire d'exposer quelques notions sur la stabilité automatique de l'aéroplane.

Stabilité longitudinale

Quand on prend un aéroplane sans moteur bien centré (¹) et qu'on le lance d'un point élevé sans vitesse, il fait une abatée presque verticale jusqu'à ce qu'il ait atteint sa vitesse de régime. A ce moment il se relève, conserve une vitesse uniforme et se meut alors en ligne droite (²) [fig. 2]. S'il est moins bien centré, il se relève davantage, perd de sa vitesse et, pour la retrouver, fait une nouvelle abatée. Il en résulte des escaliers et un léger tangage (³) [fig. 3]. Enfin, s'il est mal centré, il se relève presque verticalement et perd toute sa vitesse. L'aéroplane recule alors et, suivant que sa queue est prise par-dessus ou par-dessous, *il boucle la boucle* ou pique du

---

de la profondeur, celui de l'horizontalité et celui de la direction. Elle rectifie sa position d'après les indications de ses sensations.

(1) Centrer un aéroplane signifie répartir convenablement les poids. Théoriquement la pesanteur doit équilibrer la résistance de l'air, le centre de gravité doit donc être placé d'une manière déterminée par rapport au centre de pression. Comme ce dernier est variable, il faut choisir sa position moyenne. Il y a donc une certaine part laissée à l'expérience et à l'*art* du constructeur.

(2) La pente de cette ligne droite est précieuse. En effet, cette pente multipliée par le poids de l'appareil donne la traction nécessaire pour faire voler cet appareil horizontalement.

(3) Il y a pour chaque aéroplane deux points, situés l'un près du centre de voilure, l'autre près du bord avant, entre lesquels la projection du centre de gravité doit se trouver pour que l'équilibre longitudinal soit stable. Quand cette projection atteint l'un de ces deux points, le tangage commence.

nez pour recommencer un peu plus bas une manœuvre
semblable (¹) [fig. 4].

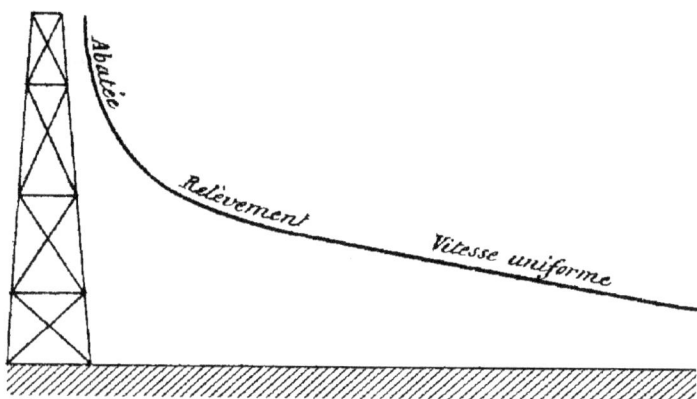

Fig. 2. — Trajectoire d'un appareil parfait.

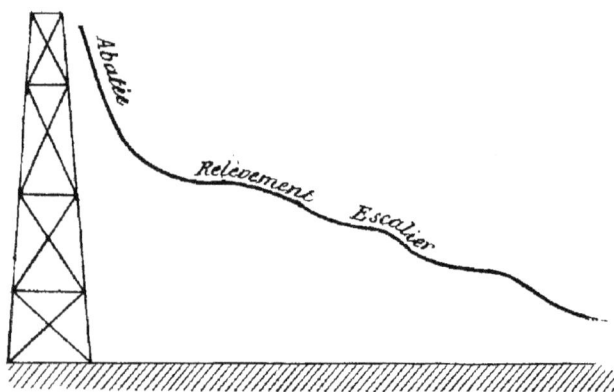

Fig. 3. — Trajectoire d'un appareil moyen (tangage).

Ces trajectoires sont des types que l'on retrouve par-

---

(1) Il y a une relation à laquelle doivent satisfaire les caractéristiques
de l'aéroplane (moments d'inertie, dimensions, surfaces) pour qu'il y ait
stabilité de route.

tout, et au bout de quelque temps d'observation on s'aperçoit que l'on peut reproduire à volonté l'une quelconque d'entre elles soit par des déplacements du centre de gravité, soit par l'orientation de la queue.

En fait, en air calme, l'équilibre longitudinal est à peu près semi-automatique, parce que le centre de pression, au lieu d'être fixe, se porte vers l'avant à mesure que l'incidence diminue (loi d'Avanzini). Si donc une cause quelconque fait diminuer l'incidence, la pression de l'air

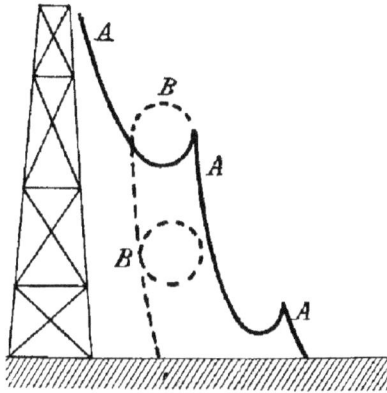

Fig. 4. — Trajectoire d'un mauvais appareil. — Deux cas :

A. — La queue est prise par-dessous.
B. — La queue est prise par-dessus.

se porte en avant de la pesanteur, la surface alaire se redresse, par conséquent s'oppose au mouvement et *vice versa*. Il reste à parer aux variations brusques de vitesse, provoquées, par exemple, par une saute de vent. Lilienthal déplaçait dans ce but le centre de gravité en portant plus ou moins ses jambes en avant.

Quand l'aéroplane est muni d'un moteur, les mêmes trajectoires se produisent, il peut simplement s'en produire un type nouveau. Quand il y a excès de force, on observe une trajectoire ascendante ayant sa concavité tournée vers le ciel (fig. 5) :

Arrivé en un point B où l'action de la pesanteur domine de plus en plus celle de l'hélice, la vitesse horizontale diminue avec rapidité et l'aéroplane se retrouvant dans le cas des figures précédentes commencera une abatée pour retrouver sa vitesse perdue.

La queue fixe intervient dans tout ceci comme organe de la plus haute importance, en déterminant la stabilité

Fig. 5. — Trajectoire d'un appareil à moteur donnant un excès de force.

de l'angle d'attaque. Elle est d'autant plus active naturellement qu'elle est plus longue. Le premier qui ait expliqué ce résultat est Pénaud (Voir l'*Aéronaute* de janvier 1872), mais J. Pline avec de petits planeurs en papier l'avait déjà trouvé empiriquement ([1]).

Stabilité latérale

Quant à l'équilibre latéral, il est clair qu'en plaçant les ailes en V (fig. 6), comme le font certains pigeons par exemple, on a une forme stable en air calme ; mais, si le vent se met à souffler, même très peu, par le travers, l'aile de ce côté reçoit toute la surpression, l'aéroplane

___

([1]) Pénaud a rendu justice à sir G. Gayley qui avait posé la question en 1809 dans *Nicholson's Journal*.

prend une bande inquiétante et tourne sous le vent pour commencer une volte. Cette forme peut même rendre difficile le départ de terre, car malgré l'empennage d'arrière l'aéroplane désire commencer immédiatement sa volte pour fuir le vent, et il faut des gouvernails latéraux très puissants pour l'en empêcher.

Fig. 6.   Fig. 7.

Les oiseaux qui planent par gros temps, comme les mouettes et les goélands, se tiennent au contraire en accent circonflexe (fig. 7), parce que, si le grain vient par le travers, l'aile de ce côté est prise *par-dessus*, l'aéroplane tourne naturellement et rentre le nez dans le vent. C'est un grand avantage parce que la vitesse relative par rapport aux molécules d'air étant augmentée, l'oiseau peut gagner de la hauteur ([1]).

L'inconvénient de ce dernier mode est que l'équilibre n'est pas automatique; si l'aéroplane se met à pencher, il continuera à pencher : l'aviateur doit intervenir comme à bicyclette par un coup de barre.

Stabilité de route

Enfin il y a encore une troisième stabilité à assurer : c'est la stabilité de route. L'aéroplane doit marcher droit, sans faire d'embardées et sans déraper. On y parvient en installant des plans verticaux formant quille, principalement à l'arrière. Un aéroplane sans quille n'a aucune stabilité latérale.

Il résulte de la forme linéaire des équations que les mouvements se superposent et que par exemple une rotation commencée subsiste jusqu'à ce qu'elle soit amortie.

([1]) Explication donnée par M. Bazin du vol à voile. *Comptes rendus*, 17 avril 1905, p. 1096.

Sur terre, les frottements du sol nous masquent ce phénomène qui surprend tous les débutants, encore que l'automobile nous ait enseigné le dérapage. En un mot, dans l'espace, le dérapage est la règle et non l'exception ; or, il est encore singulièrement plus désagréable dans l'espace que sur terre. Il en est de même naturellement en ballon dirigeable et en sous-marin.

En résumé, un aéroplane :

1º Autour duquel l'air s'écoule librement (sans pulsations ni tourbillons),

2º Qui a de l'empattement (¹),

3º Dont le centre de gravité est un peu au-dessous du centre de sustentation pour l'angle d'attaque optimum,

4º Dont le centre de gravité est à hauteur du centre de résistance à l'avancement,

5º Dont l'effort de propulsion passe par le centre de gravité (²),

6º Enfin qui possède les trois V,

est stable automatiquement, sauf dans les cas où il a perdu sa vitesse. Encore ce dernier cas n'est-il pas désespéré puisqu'il a une tendance à la reprendre. Que veut-on de plus ? et pourquoi chercher des gouvernails automatiques ou des dispositifs soi-disant stabilisateurs ? La foule même des gens instruits ne s'est pas encore rendu compte que l'équilibre d'un aéroplane résultait des mêmes faits que l'équilibre d'un bateau à la surface de l'eau et que c'était une question de carène. Un aéroplane doit comme une carène posséder les trois V, le V latéral pour répondre au roulis, le V longitudinal pour répondre au tangage et le V horizontal d'une flèche pour « éviter » et venir au vent. La foule n'a pas trouvé cette analogie parce qu'elle voit avec ses yeux la

---

(1) Expression empruntée à l'automobilisme et qui signifie qu'il s'étend en longueur en prenant appui sur deux points extrêmes.

(2) En somme, il faut annuler tous les couples nuisibles.

surface de séparation de l'eau et de l'air qui, par sa
réaction, stabilise le bateau, et qu'elle n'a pas vu avec
ses yeux la surface de séparation qui divise l'air en deux
parties et stabilise aussi l'aéroplane par sa réaction.

Elle n'en existe cependant pas moins, et sa présence
sera comprise de tous ceux qui ont l'habitude du langage mathématique. C'est le passage de l'aéroplane qui
crée cette surface de séparation. Pour résoudre le problème par l'intégration des équations de l'hydrodyna-
mique, il faudrait d'abord en écrire l'équation, parce
que c'est une surface « aux limites ». Elle dépend de la
forme de l'aéroplane, car il faut écrire qu'aucune molé-
cule du fluide ne peut y pénétrer.

Dans le mouvement permanent, cette surface aux
limites emprunte à sa permanence plusieurs des propriétés des corps indéformables, dont une réaction contre les
objets qui s'y appuient. Plus tard, on cherchera avec soin
tous les défauts de la forme de l'aéroplane, qui peuvent
créer des tourbillons. Ces tourbillons, en effet, emprison-
nant à leur tour dans leur enceinte des molécules de
fluide, prennent une existence propre, forment dans l'ensemble du fluide un corps défini dont les réactions peuvent être funestes à l'aéroplane. Pour se rendre compte
de ce qui précède, imaginez l'aéroplane en mouvement
permanent, considérez les lignes d'air autour de lui, puis,
appliquant un procédé cher aux physiciens, solidifiez cet
air par la pensée et enlevez l'aéroplane : vous avez la surface limite en question qui joue, par rapport à l'aéroplane, le rôle que joue la surface libre de l'eau par rapport
au bateau.

Un exemple d'une surface limite semblable nous est
donné par un jouet connu : une petite pipe et une balle
de celluloïd sur son foyer. Si l'on souffle dans la pipe, la
balle monte et se tient en équilibre à quelques centi-
mètres au-dessus. La présence de la balle a simplement
séparé dans le courant d'air une surface limite, qui a la

forme d'une coupe de champagne ou mieux d'une tulipe, et c'est la réaction de cette surface limite, réelle, mais invisible, qui soutient la balle.

Le vent

Depuis que les aéroplanes flottent, une quantité d erreurs sont répétées journellement, au sujet du vent, par les personnes qui de plus en plus nombreuses sont acquises à l'aviation sans avoir eu le temps de s'assimiler les notions nouvelles inconnues aux citadins. Lorsqu'on demande à un citadin d'où vient le vent, il regarde au loin comment marchent les fumées et les nuages ; souvent il constate ainsi un temps passé, il ne corrige pas les effets de la perspective et vous annonce avec gravité un vent contraire à celui qui souffle sur sa joue. Un marin ne se tromperait pas ainsi, car il sait toujours d'où vient le vent et il sait aussi qu'au vent arrière on ne le sent presque plus. Mais il faut être aéronaute pour savoir que lorsqu'on fait partie du courant d'air il n'y a plus de vent du tout et que c'est uniquement la terre qui fuit au-dessous. Aussi les aéronautes seuls ont-ils traité la question avec justesse et parmi eux le colonel et le commandant Renard ([1]). Si le vent était continu et uniforme, on ne sentirait aucune fluctuation, on serait emporté comme on l'est dans la cabine d'un steamer naviguant sur les eaux calmes d'un lac, où l'on est libre d'aller, de venir et de vaquer sans trouble à ses occupations. Quand on est plongé dans un air animé d'une vitesse uniforme, on se trouve habiter une cabine comme la précédente, mais dont les parois ont reculé jusqu'à l'infini([2]). Si l'on se déplace avec rapidité dans n'importe quelle direction,

[1] Voir les articles du commandant Renard dans *Omnia*, 1908, et la *Revue du Génie*, 1889.

[2] Nous vivons aussi à la surface de la terre libres de nous déplacer dans n'importe quelle direction sans avoir la notion des mouvements fort compliqués qui agitent notre globe à travers l'espace.

dans cette cabine, on sentira le vent produit par cette marche bien normalement au visage pendant qu'au-dessous la terre fuit obliquement.

Ainsi dans un ballon sphérique sans vitesse propre il n'y a pas de vent.

Dans un ballon dirigeable ayant une vitesse propre l'aéronaute ne sent face au visage que le seul vent produit par la rapidité de la marche, quelle que soit la direction suivie. La seule indication qu'il ait qu'il y a du vent, pour un observateur terrestre, est que la terre fuit sous lui obliquement.

Le même phénomène se produit pour l'aviateur.

Donc, une fois qu'on est parti, il n'y a plus de vent ; c'est la terre qui marche et pour atterrir il faut de nouveau s'en préoccuper pour ne pas faucher son infrastructure(1).

Il faut d'abord commencer un virage pour ramener la fuite de la terre directement dans le sens du mouvement de l'aéroplane.

L'aviateur alors se trouve en présence de deux cas à partir du moment où il a commencé son virage. Si, plus il tourne, plus la terre fuit avec vitesse et obliquement par rapport à lui, il finira par se trouver dans le sens du mouvement de la terre, mais vent arrière.

En touchant le sol à ce moment il posséderait non seulement sa vitesse propre, mais encore la vitesse du vent terrestre et, s'il est violent, il risquerait d'être roulé. Donc l'aviateur ne doit pas chercher à atterrir dans cet azimut.

Il devra continuer son virage ou l'avoir commencé en sens inverse (2) de manière à voir la terre fuir de nouveau obliquement et revenir peu à peu vers lui avec une vitesse décroissante.

L'aviateur se trouvera donc finalement de nouveau

---

(1) Pour éviter cet accident, Voisin a imaginé de faire pour Farman des roues orientables, qui lui ont fait gagner un temps précieux en lui permettant d'atterrir sans dommage avant d'avoir appris à conduire.

(2) Un aviateur voyant par exemple la terre fuir sous lui dans le sens

dans le sens du mouvement de la terre, mais vent debout. A ce moment, s'il diminue sa vitesse propre, il lui semblera voir la terre s'arrêter peu à peu et il se posera doucement et sans choc sur le sol.

On lira certainement dans le petit livre bleu que les futurs élèves caporaux des compagnies d'aviateurs appelleront la « théorie » et seront obligés d'apprendre par cœur, le passage suivant :

« Pour atterrir, l'aviateur regarde la terre et s'efforce d'arrêter son mouvement. A cet effet il commence un virage. Si la terre continue à fuir plus obliquement et plus vite, il change le sens du virage. Dès que, étant vent debout, l'aéroplane marche dans le sens du mouvement de la terre, l'aviateur se rapproche du sol tangentiellement, puis diminue sa vitesse propre en relevant sans brusquerie toute la voilure de 20°, et la terre s'arrête. Dès que la terre est arrêtée l'aéroplane se pose sans brusquerie et sans choc sur le sol. »

Malheureux élèves caporaux ! — comprendront-ils ?

Mais, en tout cas, le lecteur a compris qu'on ne peut

---

marqué par la flèche, s'il tourne à droite, verra la terre fuir de plus en plus à droite et finira par se trouver vent arrière après avoir tourné de plus de 90°.

S'il tourne à gauche, la terre fuira de moins en moins à sa droite et il

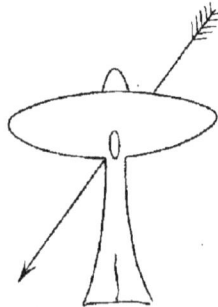

finira par se trouver vent debout après avoir tourné d'environ 30°. Une simple décomposition dans le parallélogramme des vitesses justifie ce qui précède, mais l'impression n'en est pas moins troublante la première fois qu'il faut l'appliquer en aéroplane.

atterrir que vent debout et que l'aviateur, s'il a le vent
arrière, doit d'abord faire demi-tour. La même nécessité
s'impose d'ailleurs aux bateaux à voile qui rentrent dans
le port(¹).

Cette digression sur le vent était nécessaire pour répondre à l'objection de ceux qui disent sans réfléchir :
« Avec votre système de planeur vous avez plus de facilité
de marcher vent debout que vent arrière. »

Tout ce qui précède est rigoureusement vrai, quand le
mouvement du vent est une translation uniforme. En
général le mouvement est plus ou moins troublé. Néan-
moins, entre deux troubles, la théorie précédente s'applique et lorsque à la fin de la période le vent a changé,
l'aéroplane ne ressent qu'une différence de vent.

Tous les cas se présentent entre les deux extrêmes suivants :

1º Le vent change de force sans changer de direction.

Si la force venant de l'avant croît, l'aéroplane monte
avec une tendance à cabrer qu'il faut empêcher. Si la
force décroît venant de l'arrière, l'aéroplane tombe avec
une tendance à piquer qu'il faut empêcher ;

2º Le vent change de direction sans changer de force.

L'aviateur ne sent qu'un vent venant par le travers
qui a une tendance à le faire ballotter et le faire pencher
sur un bord. Dès qu'il penche sur un bord, l'aéroplane
tourne de ce côté et pour l'en empêcher l'aviateur doit
commencer un virage en sens inverse.

En résumé, circuler par du vent n'est pas difficile si
l'on a ses gouvernails bien en main. Cela est d'autant

(¹) La seule différence est que le pilote sait toujours d'où vient le vent,
tandis que l'aviateur l'ignorera, surtout quand les vitesses propres seront
considérables et les voyages possibles. Au moment d'atterrir, l'aviateur sera
réellement obligé de faire une *expérience*. Une fois en direction avec le
mouvement apparent de la terre, s'il est vent arrière, jamais il ne pourra
arrêter complètement ce mouvement, alors il fera demi-tour, se trouvera
vent debout, tiendra sa vitesse propre égale à celle du vent et la terre lui
apparaîtra immobile.

plus facile qu'on a de la force en excès et une vitesse propre plus grande.

Un vent troublé pouvant être considéré comme formé d'une série de pulsations, on ressentira dans le même temps beaucoup plus de ces pulsations quand on marchera vent debout que vent arrière. C'est pourquoi on peut conseiller aux débutants de partir, s'ils le peuvent (¹), vent arrière, car leur trajectoire sera troublée moins souvent.

Historique sommaire

On dit que Cayley aurait pensé à l'aéroplane en 1809 ; mais le premier véritable projet est celui de Henson qui date de 1843 (fig. 1), et l'on constate alors de nouveau cette loi sociale qui veut que l'individu reproduise en raccourci l'évolution des choses passées. L'humanité n'est arrivée à la conception de l'aéroplane qu'après les autres types ; l'individu fait de même. Cela explique qu'il y ait eu si peu de partisans de l'aéroplane.

Quoi qu'il en soit, la simple inspection du projet de Henson nous montre, à nous qui savons, qu'il est instable ; mais il est muni de tous les accessoires nécessaires à la marche. D'ailleurs, il n'a pu être construit en grand.

Il faut arriver en 1872 avec Pénaud pour trouver une réalisation d'un aéroplane stable et mû par un ressort en caoutchouc (fig. 8). Pénaud a donné de l'aéroplane (²) et de sa stabilité une théorie primée par l'Académie en 1873 et à laquelle on doit encore se reporter. En somme toutes nos constructions actuelles sont des reproductions grandies de ses modèles, et d'un autre côté les Wright,

(1) Pour pouvoir quitter le sol vent arrière, il faut pouvoir sur le sol acquérir la vitesse du vent, plus sa vitesse de régime.
(2) *L'Aéronaute*, janvier 1872.

dont les appareils les plus actuels reproduisent certaines conceptions, ont avoué avoir connu la solution de Pénaud.

Mais l'industrie ne pouvait pas encore réaliser cette invention. En 1889 le colonel Renard démontrait qu'avec les moteurs de 5o kg par cheval que l'on possédait, la

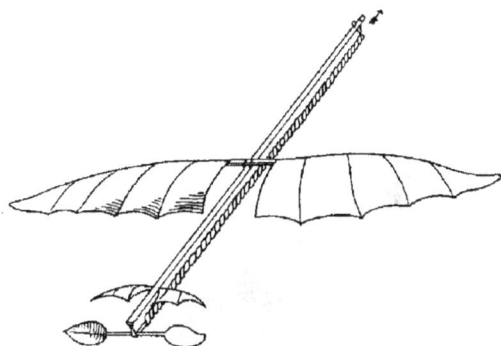

Fig. 8. — Aéroplane de Pénaud, 1872.

solution était impossible. Cependant, entre 1890 et 1900, on arrivait avec des précautions spéciales à faire des machines à vapeur pesant 4 à 5 kg le cheval pour les grandes forces et nous avons à raconter quatre tentatives remarquables.

Maxim

Vers 1895, après avoir fait au moyen d'un manège des expériences sur des surfaces et des hélices, sir Hiram Maxim se décida à faire construire un immense aéroplane de 4 000 kg de poids et 5oo m² de surface avec un moteur de 3oo chevaux faisant tourner deux hélices. Ces caractéristiques permettaient évidemment l'enlèvement par une vitesse de 4o km à l'heure.

Mais l'enlèvement n'est pas tout, il faut encore que l'appareil soit stable. Or, il suffit de considérer la photographie ci-dessous (fig. 9) pour constater que la surface est un plan pur et il ne faut pas être grand clerc pour conclure qu'une telle machine est naturellement instable. Il est singulier qu'un travail de cette importance

Fig. 9. — Aéroplane Maxim.

ait pu être commencé sans qu'on ait étudié les travaux des devanciers qui avaient résolu le problème de la stabilité. L'appareil fut amélioré l'année suivante par des surfaces inclinées auxiliaires ; mais rien ne put remédier à l'erreur originelle. On s'est tellement rendu compte de son instabilité que l'on a craint infiniment de voir l'aéroplane s'envoler. On eut soin de mettre au-dessus des roues un second rail afin d'être bien sûr qu'il ne s'échapperait pas. Le jour de l'expérience étant arrivé, l'aéroplane se souleva en effet, et les roues vinrent rouler sur le rail supérieur ; seulement elles déraillèrent : toute la machine s'inclina et se brisa. Sir Hiram Maxim perdit courage et arrêta les frais, qui s'élevaient déjà à plus de 1 million.

Langley

Pendant ce temps le secrétaire de la Smithsonian Institution de Washington, M. Langley, commençait aussi avec un manège des expériences sur les surfaces et les hélices. Parvenu à la certitude que le vol mécanique était possible, il fit un petit modèle (fig. 10) à vapeur (13 kg) qui parcourut en 1896 trois quarts de mille (1 200 m) au-dessus du Potomac. Ce résultat enthousiasma les dirigeants du War Department et une somme de 50 000 dollars fut mise à sa disposition pour construire un appareil définitif.

Il faut lire dans son rapport (1) la quantité de déboires qui lui arrivèrent. Par une phrase typique il fait comprendre ce qui a retardé si longtemps l'aviation : l'inventeur débutant qui arrive avec une simple esquisse de principe, croyant avoir tout trouvé, ne se doute pas de l'effort colossal qu'il aurait à fournir pour mettre sa machine au point, car la question est toute en détails et chaque détail nécessite une invention particulière qui demande du temps, de l'argent et un dressage des ouvriers. Une grande partie des déboires de Langley tient à la décision prise de faire les expériences au-dessus de l'eau. Il est bon de se méfier du mode de lancement sur l'eau, il paraît moins dangereux que sur terre et c'est pourquoi beaucoup de personnes le préconisent ; mais outre le risque de disparaître sous les toiles, toujours à craindre, il est incontestablement un moyen plus cher — il y a tout un service de batellerie à organiser, et le repêchage par

(1) Résumé dans *L'Aérophile* de mars 1906, par F. de Rue.

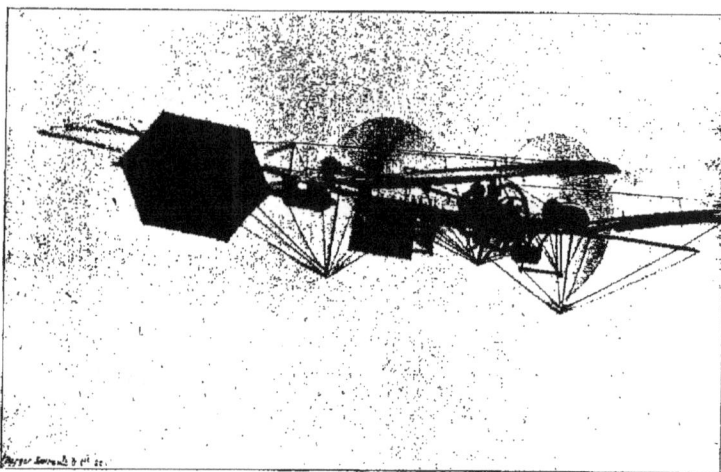

Fig. 10. — Planement d'un modèle de l'appareil Langley 1903.

Fig. 11. — Moyen de départ imaginé par le professeur Langley

Fig. 12. — Aéroplane Langley, le 7 octobre 1903. — Le professeur Manley
est à bord.

Fig. 13. — L'aéroplane Langley dans le Potomac. — Le professeur Manley
est sain et sauf.

des barques soumises au roulis, qui ne peuvent donner
leur effort synchroniquement, abîme le matériel.

On voit également dans ce rapport que l'aéroplane n'a
pu être essayé que deux fois : le 7 octobre 1903, où il a
piqué droit dans le Potomac parce que le bout-dehors
d'avant qui retenait les haubans avait heurté le plan
incliné de lancement ; et deux mois après, à Arsenal-Point

Fig. 14. — L'aéroplane Langley dans le Potomuc. — Sauvetage
du professeur Manley.

à Washington, où il a encore piqué parce que cette fois le
bout-dehors arrière avait accroché (fig. 12, 13, 14).

L'aéroplane n'a donc jamais été en liberté dans son
élément ; on a cru en Amérique que la machine ne pouvait voler et l'on a refusé des fonds à Langley. On a eu
tort, la machine pouvait voler, et la preuve, c'est que
M. Blériot, avec le même type d'appareil, mais disposé
pour partir sur terre et pour pouvoir recommencer ses
expériences sans trop de frais, est arrivé à le faire voler.

En aviation — c'est la règle du succès — il faut proportionner ses projets aux ressources dont on dispose pour pouvoir recommencer le plus grand nombre de fois possible.

Ader

M. Ader avait aussi de tout temps pensé à l'aéroplane et il en a construit toute une série qu'il appelait des *avions* (¹) [fig. 15]. Le dernier, auquel le ministre de la

Fig. 15. — Avion Ader.

guerre a contribué pour 5oo ooo francs, est une merveille de mécanique et se trouve exposé au Conservatoire des arts et métiers. Il a été expérimenté une fois à Satory devant une commission militaire. M. Ader avait pris place dans l'appareil qui, dit-on, s'est enlevé, s'est montré instable, a dérapé légèrement parce qu'il y avait un vent de travers et a brisé ses roues qui n'étaient pas mobiles en tous sens. L'autorité militaire ayant perdu confiance, les crédits furent supprimés et l'expérience ne fut pas reprise. Il suffirait cependant, à notre avis, d'ajouter une

_____

(1) Il n'y a pas de mot pour désigner l'aéroplane en particulier ; on pourrait prendre le nom créé par M. Ader. Dans tous les cas, il faut se garder de dire aviateur qui est réservé à la personne qui dirige la machine.

queue d'une longueur égale à l'envergure pour stabiliser
cet appareil.

Tatin

M. Tatin est le doyen des aviateurs français. Il a
connu l'époque héroïque où les aviateurs étaient consi-
dérés comme des fous et il est l'héritier des saines doc-
trines de Pénaud. Il sait depuis longtemps construire des
aéroplanes stables et il ne lui a manqué que des comman-
ditaires. Cependant, en 1896, M. Richet a bien voulu lui
faire confiance. Un modèle fut construit et lancé à Car-
queiranne, sur un plan incliné au-dessus de la mer. Au
bout de 140 m environ, aucune intelligence n'étant à
bord pour parer à l'imprévu, l'aéroplane chavira et dis-
parut dans la mer. M. Richet, qui avait dépensé une
vingtaine de mille francs, en resta là. Cependant on peut

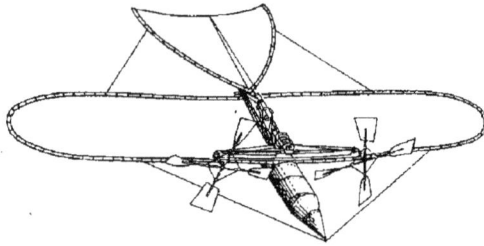

Fig. 16. — Aéroplane Tatin.

assurer que si les expériences avaient pu être continuées,
le succès aurait certainement couronné ces efforts.
M. Tatin a fait dernièrement les plans de l'aéroplane de
La Vaulx qui s'est enlevé.

L'École de Lilienthal

Pendant que s'élaboraient ces tentatives au moyen d'une méthode assurément très chère, qui consistait à tout inventer à la fois, un homme audacieux, l'Allemand Lilienthal, inaugurait une méthode peu dispendieuse qui, suivie par toute une série d'expérimentateurs

Fig. 17. — Lilienthal en 1893. (D'après la *Revue de l'aéronautique*.)

successifs, est arrivée à procurer le succès définitif, comme cela va être raconté.

En 1891, en effet, cet ingénieur, après vingt années de calculs et d'expériences minutieuses (¹), après avoir ob-

---

(1) Exposés avant toute espèce d'essais en 1889 dans : *Der Vogelflug als Grundlage der Fliegekunst*, par O. Lilienthal. Berlin, Gärtner, Schönebergerstrasse, 26.

servé patiemment les oiseaux qui volent sans donner un
coup d'ailes, arrive à la conviction que l'air porte beaucoup plus qu'on ne croit et il se décide à faire un essai,
non pas avec un modèle réduit, mais avec des ailes assez
grandes pour le porter lui-même.

Cette décision a été un des facteurs importants de sa
réussite, car, les lois de la similitude mécanique n'étant
généralement pas observées, les modèles vont toujours
très bien, les appareils définitifs, jamais.

L'originalité de Lilienthal a été ensuite de supprimer
toute espèce de moteur comme inutile au début, et de
chercher à imiter d'abord les oiseaux planeurs qui, ne
battant pas des ailes, n'utilisent d'autre force que le vent
et la pesanteur ([1]). De là une complication de moins et
une facilité de plus, l'appareil devenant portatif par la
diminution du poids total.

Enfin, il utilisait, pour amortir les chutes, une colline
sablonneuse dont les pentes, exposées aux vents ré-
gnants, favorisaient son essor en rendant ceux-ci ascendants.

C'est là le grand point de la méthode, car dans le vol
le difficile n'était pas d'atterrir, comme chacun le croyait,
mais bien de partir, l'aéroplane ne pouvant pas flotter
sans être animé instantanément d'une grande vitesse.
La pente de la colline permettait à Lilienthal de prendre
une certaine vitesse propre en courant avec l'appareil
sur son dos. En marchant contre le vent ascendant, il
obtenait par rapport aux molécules d'air une vitesse

---

(1) Le fait, nié par les mathématiciens qui conduisent les calculs dans
l'hypothèse d'un vent uniforme, a été très controversé : il a été mis en
lumière par l'observateur très avisé qu'était Mouillard (*L'Empire de l'air*,
Paris, Masson, 1881, p. 25, 42, 220 et 236); il est affirmé par M. Marey
dans le *Vol des oiseaux* (Paris, Masson, 1889, p. 12, 286, 293 et 309)
et expliqué par Goupil (1884) ; dernièrement, M. Deprez l'a vérifié expéri-
mentalement avec un petit modèle. Si nos yeux pouvaient voir le vent, ils
ne verraient rien d'uniforme, mais plutôt des vagues floconneuses comme
une fumée.

relative qui était la somme de celle de sa course et de celle du vent.

Dès que cette vitesse relative était suffisante, Lilienthal était soulevé et parcourait dans l'air une distance qui, de 15 m. au début, dépassa 100 m. au courant des années suivantes([1]).

Si, pendant le trajet, le vent fraîchissait, l'aviateur était enlevé, quelquefois plus haut que son point de départ, et il en profitait pour augmenter son parcours. L'atterris-

Fig. 18. — Lilienthal en 1895. L'atterrissage. (D'après la *Revue de l'aéronautique*.)

sage s'obtenait avec la plus grande facilité en relevant les ailes pour annuler la vitesse horizontale, comme le font les oiseaux (fig. 18).

C'était là un véritable vol plané et il est fâcheux que les journaux français, dans leurs premiers comptes rendus, aient parlé de *parachute* et que les plus bienveillants mêmes aient employé le mot de *parachute dirigeable,*

([1]) Entre 1891 et 1896, Lilienthal a fait plus de 2 000 vols.

car ce mot, souvent entendu, n'a pas éveillé dans le public la curiosité que ces expériences auraient dû susciter. Il est hors de doute que si ces comptes rendus avaient parlé de vol ou même plus modestement de *soaring flight* — vol naissant, comme les Anglais, ou de *gliding experiments* — glissement dans l'air, comme les Américains, l'auteur de ce travail n'aurait pas été, en

Fig. 19. — Lilienthal en 1895. (D'après la *Revue de l'aéronautique*.)

1898, le seul élève de Lilienthal en France (¹) et nous aurions certainement été un peu plus en avance.

Il est vrai de dire que le vol de Lilienthal n'est en définitive qu'un vol descendant ; mais, si l'on traite son appareil de *parachute dirigeable,* il faut de toute logique appeler aussi parachute dirigeable le pigeon qui du toit vient se poser dans la rue sans battre des ailes.

_____

(1) Le comte de Lambert a acheté un aéroplane à Lilienthal ; mais il n'a pas persévéré, préférant étudier l'hydroplane.

En fait, Lilienthal suivait le processus de l'histoire naturelle ([1]) : il ne se proposait pas tout de suite comme
modèles le vol le plus difficile, l'oiseau le plus habile,
mais le vol plané descendant, qui est le plus simple, et les
espèces qui sont en train d'apprendre à voler, comme le
poisson volant ou la sauterelle.

On peut dire que Lilienthal avait inventé une méthode

Fig. 20.

L'appareil du deuxième degré de Lilienthal. L'extrémité des rémiges peut battre.
Un levier les réunit à un piston communiquant avec un réservoir d'acide carbo-
nique comprimé. Une soupape manœuvrée à volonté provoque chaque fois un
coup d'ailes. L'équilibre de cet appareil très modifié par l'adjonction du moteur
a empêché Lilienthal d'en tirer un bon parti.

pour apprendre à voler, qui consistait à construire, à
expérimenter soi-même sur une trajectoire peu éloignée
du sol et parallèle à lui, à comprendre ce qui se passait,

[1] D'après la théorie de l'évolution, on trouverait à l'origine de tout
animal volant un ancêtre dont le vol rudimentaire ne pouvait être qu'un saut
ou une glissade.

à corriger et à recommencer. C'est cette méthode que j'ai appelée la méthode du « Pas à Pas, Saut à Saut, Vol à Vol ». Il était évident pour moi qu'elle devait arriver au succès et c'est pourquoi je l'ai employée et recommandée.

La trajectoire restant sensiblement parallèle au sol, les chutes, forcément nombreuses du début, ne pouvaient pas avoir de suites graves.

Ceci conduit directement à déplorer l'aberration d'un trop grand nombre d'aviateurs qui, pour leurs débuts, ont l'idée de s'élancer soit d'un escarpement élevé, soit même d'un ballon. Cette idée funeste a déjà causé la mort d'un grand nombre d'aviateurs, notamment de Leturr en 1854 et de Groof en 1874, tous les deux détachés d'un ballon à Londres presque au même endroit. Maloney est mort de la même manière à Santa-Clara en 1905.

Ces aviateurs tiennent deux raisonnements faux. Ils pensent que la plus grande quantité d'air interposée entre la terre et eux les soutiendra mieux ; c'est ignorer ce qu'est un fluide aussi mobile et aussi peu dense que l'air ([1]). En second lieu, ils pensent que la durée de chute étant plus grande, ils auront le temps de réfléchir et d'agir en conséquence pour rétablir l'équilibre. C'est ignorer que le rétablissement de l'équilibre demande une action presque instantanée. Le temps que l'intelligence même la plus prompte emploie à décider quels mouvements sont utiles est infiniment plus grand qu'il n'est permis et quand enfin les muscles obéissent, le mouvement produit se heurte à une situation entièrement changée et la catastrophe s'ensuit inévitable.

Il n'est pas possible d'apprendre à marcher, à danser, à patiner, à rouler à bicyclette, ni même à voler en une minute et c'est pourtant ce que ces aviateurs voudraient

---

([1]) Une erreur de même nature est propagée par ceux qu prétendent q'une eau profonde on surnage plus facilement.

faire. Non, il faut se créer lentement les réflexes nécessaires ; il faut, comme le dit si bien dans notre langue
M. Chanute, apprendre peu à peu son métier d'oiseau et
c'est pourquoi la méthode de Lilienthal est si féconde,
car après un échec on peut recommencer.

Lilienthal a eu une deuxième idée géniale : se servir
d'un vent ascendant pour obtenir le départ. Il n'aurait
pas suffi en effet de partir en courant du sommet d'une
colline pour s'envoler, car la vitesse de 1 à 2 mètres par
seconde ainsi obtenue eût été insuffisante pour obtenir la
sustentation.

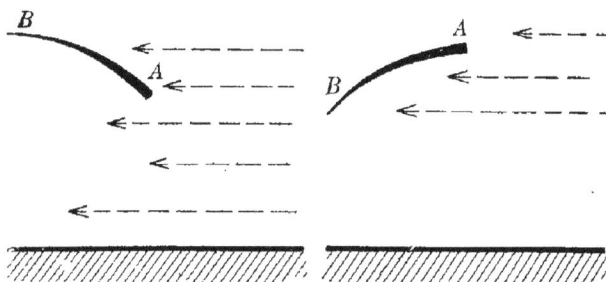

Fig. 21.   A. Avant.   Fig. 22.
          B. Arrière.

D'un autre côté, ce n'est pas, comme le pensent beaucoup de personnes, un vent horizontal qui permettrait le
départ. Il n'y a qu'à considérer les figures ci-dessus qui
représentent un aéroplane dans un vent horizontal. Si
l'appareil se place comme dans la figure 21, on voit que le
vent le prend par-dessus et naturellement le projette bru-
talement à terre. S'il se place comme dans la figure 22, il
s'élèvera, il est vrai, mais pour reculer. En reculant, il
finira par avoir la même vitesse que le vent, c'est-à-dire
qu'il ne supportera plus aucune pression et retombera à
terre.

Considérons, au contraire, la figure 23, qui représente

un aéroplane dans un courant d'air ascendant. Il pourra, sans danger d'être pris par-dessus, adopter une position inclinée vers l'avant qui lui permettra d'avancer contre le vent, phénomène *a priori* assez paradoxal([1]).

Lilienthal était, dans son appareil, suspendu par les bras et les épaules, il gouvernait en portant les jambes en avant, en arrière, à gauche ou à droite.

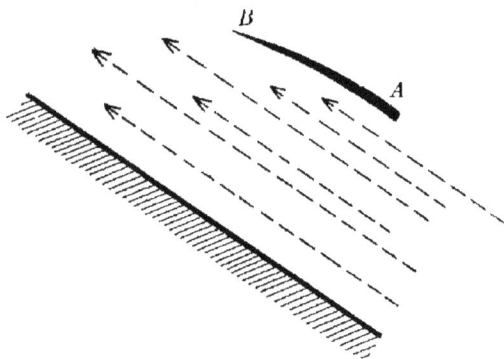

Fig. 23.

Il était devenu très habile à ce mouvement qui n'est pas dans nos réflexes naturels ; mais cela ne l'a malheureusement pas empêché, en août 1896, d'être chaviré et de trouver la mort dans cette chute de 10 m.

Il faut dire que, depuis quatre ans qu'il volait, il avait, dans environ deux milliers de parcours, pris une telle assurance qu'il n'hésitait pas à sortir par des temps de bourrasques et à se laisser enlever à des hauteurs de

([1]) Lilienthal avait omis de signaler ce détail et c'est ce qui m'a empêché, de 1899 à 1901, d'obtenir la moindre glissade. J'en ai brusquement aperçu la cause en 1901. Cependant, Goupil, dès 1884, avait signalé le vent ascendant comme la cause du vol à voile. La chose vient d'être retrouvée de nouveau par M. Marcel Deprez qui a eu l'idée de faire voler un petit modèle au moyen d'une soufflerie donnant un vent ascendant. (*Illustration* du 20 juin 1908.) Les figures 21, 22 et 23 se trouvaient d'ailleurs dans ma brochure de 1905.

plus en plus grandes. Sa mort a été une perte immense pour la science, car il allait bientôt franchir le second stade du moteur (fig. 20), et la crainte d'un pareil sort a éloigné de cette étude tout son entourage. Il a cependant, plus heureux que notre Le Bris (¹), fait des élèves, grâce à la photographie qui a transmis son idée géniale, en montrant la réalité et la possibilité de son exécution.

LES ÉLEVES DE LILIENTHAL

Pilcher

L'Anglais Pilcher fut le premier séduit. Ses ailes ressemblaient beaucoup à celles du maître, mais son mode de départ fut tout différent. Il attelait des chevaux à une corde dont il tenait le bout, les lançait au galop et partait comme un cerf-volant. Quand il se trouvait assez haut, il portait peu à peu son corps en avant, lâchait la corde, et le cerf-volant devenu aéroplane parcourait dans l'air une trajectoire analogue à celle d'un corbeau qui va se poser dans un champ. Pilcher fut victime de sa grande complaisance car, le 30 septembre 1899, voulant être agréable à plusieurs personnes qui étaient venues de fort loin pour le voir, il fit deux essais par un temps de bour-

(1) Le Bris, un marin qui avait beaucoup observé l'albatros dans ses voyages, avait eu en 1857 la même idée que Lilienthal : il faisait ses essais avec des ailes assez grandes pour le porter et partait en cerf-volant comme Pilcher. Il opérait aux environs de Brest en 1867, mais avec peu de succès et quelques accidents. Sans argent, considéré comme un visionnaire par beaucoup, comme un héros par d'autres, il ne put malheureusement répéter assez souvent ses expériences.

Fig. 24. — Pilcher.

Fig. 25. — Pilcher.

rasques pluvieuses. Au second, les spectateurs entendi-
rent un craquement, la queue parut se briser et Pilcher,
déséquilibré, fut précipité sur le sol. Il mourut le surlen-
demain sans reprendre connaissance (1).

Chanute

M. Chanute est un ingénieur de Chicago qui s'est
d'abord occupé d'aviation théorique et qui a publié un
livre très documenté sur les essais entrepris depuis trois
cents ans par tous les précurseurs (2). Frappé par l'excellence de la méthode de Lilienthal, il résolut, en 1896, de
l'expérimenter aussi. Il établit son camp à 30 milles de
Chicago, dans un désert de sables et de dunes sur les
bords du lac Michigan, et trois semaines ne s'étaient pas
écoulées qu'il avait plus appris, disait-il, qu'en vingt ans
de calculs et de construction de modèles.

Pour passer du connu à l'inconnu, M. Chanute essaya
d'abord, puis fit essayer le type Lilienthal par ses assis-
tants, MM. Herring et Avery, car, ayant passé la soixan-
taine, ces exercices n'étaient plus de son âge. Le type
expérimenté ayant été trouvé définitivement trop instable,
M. Chanute revint à son idée fondamentale qui était
de rendre l'équilibre automatique.

Il employa d'abord plusieurs surfaces superposées. Si,
en effet, une inclinaison fâcheuse négative ou positive
se produit, les surfaces supérieures, mordant ou s'effa-
çant par rapport aux surfaces inférieures, reçoivent plus
ou moins d'air et par conséquent provoquent une inclinaison en sens inverse qui rétablit l'équilibre.

Le premier appareil possédait cinq paires d'ailes pa-

---

(1) Voir *Nature*, August 12-1897, et *Aeronautical Journal of Great
Britain*, octobre 1899 et avril 1900.
(2) *Progress in flying machines*, New-York, Forney, 39, Cortlandt St,
1894.

rallèles superposées, dont les plus élevées étaient sus-
ceptibles d'un léger mouvement de recul qui aidait à
leur effacement au moment où, le vent fraîchissant, il
devenait nécessaire de diminuer l'angle d'attaque (¹).
Ainsi qu'il arrive en toutes choses, cette conception un
peu compliquée se simplifia peu à peu et le dernier modèle essayé n'était plus qu'à deux surfaces parallèles. Il

Fig. 26. — Chanute. — Ailes multiples.

ressemblait alors beaucoup à un cerf-volant Hargrave (²)
marchant par le grand côté (fig. 27). Une queue analogue

___

(1) M. Chanute a également construit un appareil dans lequel les ailes
articulées au pivot d'épaule sont libres de se porter légèrement en avant ou
en arrière, de sorte que, si une inclinaison vers l'avant se produit, la pesanteur porte les ailes en avant et *vice versa* : l'équilibre est automatique.
(2) L. Hargrave, de Sydney (Australie), auteur du cerf-volant cellulaire
et de plus de vingt modèles d'aéroplanes tous équilibrés et réussis.

à celle inventée par Pénaud (') favorisait l'équilibre en augmentant le moment d'inertie et en maintenant le système dans le vent (fig. 28 et 29).

Plusieurs centaines de glissades furent opérées avec ces appareils en 1896 et 1897 sans aucun accident, l'équilibre étant assez automatique pour ne pas exiger plus de 600 mm de déplacement du corps. Le plus long parcours

Fig. 27. — Herring et Avery. — *Gliding experiments*.

fut de 109 m avec un angle de chute de 10° (fig. 30 et 31).

Ces belles expériences n'eurent aucun écho en France, bien que M. Chanute eût envoyé sa brochure (²) à plu-

(1) Pénaud, auteur, en 1872, du premier modèle d'aéroplane à caoutchouc ayant marché. Mort malheureusement trop tôt à trente ans, en 1880.
(2) *Gliding experiments,* par O. Chanute. *Journal Western Society of Engineers,* 1897. Renseignements dans *Cassier's Magazine,* juin 1901.

Fig. 28. — Herring et Avery. — *Gliding experiments.*

Fig. 29. — Herring et Avery. — *Gliding experiments.*

Fig. 30. — Herring.

Fig 31. — Chanute.

sieurs journaux. Ce fait regrettable a certainement retardé chez nous l'éclosion d'idées pratiques d'aviation et la formation d'un groupe d'expérimentateurs.

Ferber de 1899 à 1901

Les quotidiens français ayant traité de parachute l'aéroplane de Lilienthal ([1]), je n'ai été initié qu'en 1898 par la lecture d'un vieux numéro de l'*Illustrirte Zeitung*. J'arrivai alors à la conviction que Lilienthal avait découvert sinon le vol parfait de l'homme, du moins la méthode pour apprendre à voler. Le jour où, en 1891, Lilienthal a parcouru dans l'air ses quinze premiers mètres a été considéré par moi comme celui à partir duquel les hommes pouvaient voler. Ils l'ignoraient auparavant, voilà tout. Cette manière d'envisager la question m'a débarrassé des jalouses préoccupations des inventeurs en général et je devins aviateur, faisant du Lilienthal comme d'autres sont chauffeurs qui font de l'automobile, attentifs aux progrès possibles d'une marque nouvelle.

Toutefois, au début, j'étais dans la situation du sauvage qui recevrait une bicyclette sans savoir comment on s'en sert. De plus, je commettais une faute dans la confection de l'appareil. Préoccupé de la surface totale que je savais devoir être de 15 m², je la répartissais plus en longueur qu'en envergure, pour faire plus solide (fig. 32, n° 1) ; c'était le contraire qu'il fallait faire ([2]).

([1]) Les journaux spéciaux : *Revue de l'aéronautique, L'Aérophile, L'Aéronaute*, etc., avaient bien donné d'excellents détails, mais malheureusement ils n'étaient pas assez lus.

Il faut lire aussi, pour se documenter sur Lilienthal, le livre du major Mœdebeck, de l'artillerie allemande : *Taschenbuch für Flugtechniker und Luftschiffer*, Berlin, W. H. Kühl, 1904.

Lilienthal lui-même a beaucoup écrit, de 1891 à 1896, dans la *Zeitschrift für Luftschifffahrt*.

([2]) L'expérience prouve qu'un rectangle marchant par le grand côté

Le nº 1 pesait 3o kg pour 8 m d'envergure et 25 m²
de surface. Il fut essayé pour la première fois au château
de Rue en Suisse, en 1899.

Le nº 2 pesait 20 kg pour 6 m d'envergure et 15 m² de
surface. Il fut souvent expérimenté à Fontainebleau

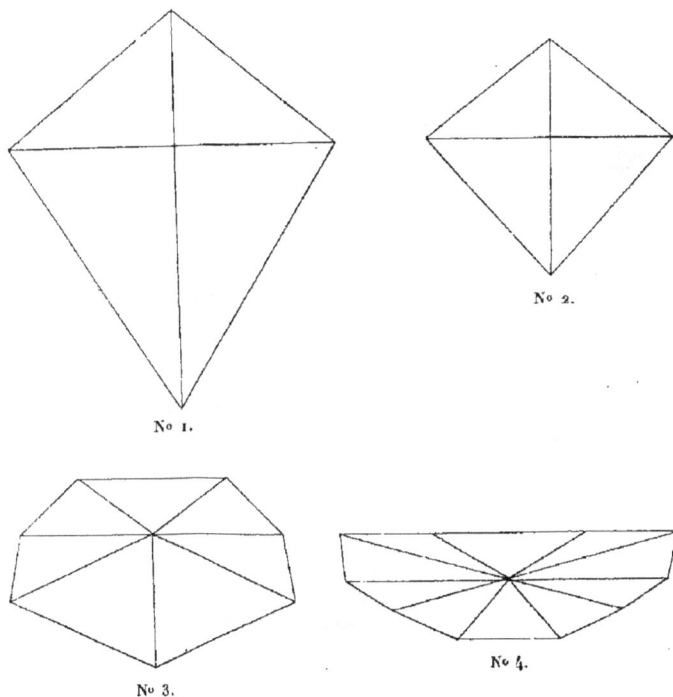

Fig. 32. — Aéroplanes 1, 2, 3 et 4.

comme cerf-volant, et j'ai pu constater que ce mode
d'opérer, d'ailleurs très dangereux, conduisait à donner

porte plus qu'un carré de même surface, parce que les filets fluides s'échappent moins facilement par les bords. (Voir à ce sujet l'étude déjà citée de M. Soreau dans les *Mémoires et compte rendu de la Société des ingénieurs civils*, octobre 1902 [Aérodynamique], p. 571.)

à l'aéroplane des formes qui le rendaient impropre à la marche rapide en avant.

La stabilité a laissé à désirer jusqu'au moment où j'ai relevé tous les bords des ailes. Libre, il restait naturellement stable ; mais il n'avançait plus.

Une chose analogue arriverait probablement en construction navale si l'on s'entêtait à perfectionner les coques

Fig. 33. — Instabilité de l'aéroplane n° 2 expérimenté en cerf-volant à Fontainebleau.

des bateaux-phares toujours à l'ancre, dans l'espérance d'arriver à la coque d'un paquebot lévrier de la mer.

Le n° 3 pesait 3o kg pour 7 m d'envergure et 15 m² de surface ; il avait les bords des ailes légèrement relevés pour augmenter la stabilité. Essayé à Saint-Étienne-de-Tinée, il n'a jamais pu me porter.

Fig. 34. — L'aéroplane n° 4, le 7 décembre 1901, à Nice.

Le n° 4 pesait 30 kg pour 8 m d'envergure et 15 m²
de surface. Essayé pour la première fois à Nice, en 1901,
du haut d'un échafaudage de 5 m, l'appareil franchit
15 m en longueur et atterrit doucement au bout de deux
secondes (fig. 34 et 35).

Ce temps était le double de celui d'une chute libre et

Fig. 35. — Aéroplane n° 4. — Période d'atterrissage.

montrait que la pesanteur avait dépensé sur le système
1 cheval pour 30 kg(¹). Donc, inversement, on pourrait

_____

(1) Ce chiffre est aussi celui trouvé par Maxim et Langley. Avec les
appareils Chanute, il suffit d'un cheval pour 50 kg, et Wright serait allé
jusqu'à 75 kg.

être amené à penser qu'une dépense de 3 chevaux 1/3 eût permis de ramener le système à son point de départ. De plus, ce temps introduit dans l'équation des parachutes(¹) donne pour le coefficient de la résistance de l'air, en supposant qu'on puisse négliger le mouvement horizontal, un nombre presque décuple de celui admis par les plus optimistes.

Ce résultat était tellement stupéfiant à cette époque que j'en ai attendu la vérification de nombreuses observations avant de le publier pour la première fois (1904). Le fait a été beaucoup critiqué, il est aujourd'hui hors de doute : « Pour les aéroplanes, le coefficient de la résistance de l'air est presque décuple de celui obtenu pour un plan se mouvant orthogonalement. »

Le fait a été sanctionné par une note insérée aux Comptes rendus de l'Académie, le 25 mars 1907. C'est la raison pour laquelle il fallait s'occuper de la solution du problème par l'aéroplane et non autrement.

Orville et Wilbur Wright

En 1900, apparaissent les frères Wright, qui débutent par l'aéroplane Chanute à deux surfaces ; mais ils osent, pour diminuer la résistance à l'avancement, se mettre à plat ventre dans l'appareil, et ils inventent de placer à

---

(1) Cette équation est la suivante :

$$\frac{d^2y}{dt^2} = g - g\,\frac{k\,S}{P}\left(\frac{dy}{dt}\right)^2.$$

Elle s'intègre par

$$y = t\sqrt{\frac{P}{kS}} + \frac{P}{gkS}\,L\left(\frac{1 + e^{-2\,gt\,\sqrt{\frac{kS}{P}}}}{2}\right).$$

En y faisant $y = 5$ m, $t = 2$ s, $P = 100$ kg, $S = 15$ m², $g = 9,808$, on trouve $k = 0,67$ au lieu de $0,085$ que donnent les expériences ordinaires.

l'avant un gouvernail de profondeur (¹) qui supprime la longue queue encombrante du système précédent.

Ils trouvent le terrain de départ, si important pour la réussite des expériences, en le demandant au service géographique, qui leur indique les dunes de Kitty-Hawk dans la Caroline du Nord, près de la baie de la Chesapeake. C'est un terrain idéal, sans arbres, arbustes ni

Fig. 36. — Le campement à Kitty-Hawk. (Assis au premier plan, M. Chanute.)

touffes d'herbes, recevant chaque jour la brise régulière de l'Atlantique (fig. 36).

---

(1) Les gouvernails d'avant sont brutaux, mais, dans l'air si peu résistant, cela devient une qualité. Les oiseaux se servent de leur tête comme gouvernail d'avant pour tous les changements imprévus, leur queue n'intervenant que pour les changements à grande amplitude. (Mouillard, *L'Empire de l'air*, p. 35. — Marey, *Le Vol des oiseaux*, p. 29)

Fig. 37. — Wright en 1901.

Fig. 38. — Wright en 1902.

Ne pouvant plus courir avec l'appareil sur le dos comme le faisaient leurs prédécesseurs, puisqu'ils sont couchés dedans, ils sont obligés de se servir de deux aides qui portent l'appareil par chaque extrémité. Ces deux aides courent contre le vent et lâchent la machine lorsqu'ils sentent que le vent commence à la soulever.

Quand le vent souffle avec une vitesse de 8 à 10 m par seconde, les aides n'ont même pas besoin de courir: l'aéroplane s'enlève, recule légèrement, puis, sur un mouvement de gouvernail, s'oriente parallèlement à la pente et se détermine à partir en avant (fig. 37 et 38). Au bas de la dune, le gouvernail relève l'aéroplane, qui remonte un peu, détruit ainsi sa vitesse horizontale et se pose sur le sol en glissant sur ses patins. Les oiseaux ne font pas autrement.

Les progrès des frères Wright sont continus : en 1900, avec 15 m² de surface, ils ne font que quelques glissades ; mais en 1901, avec 27 m², ils en font plusieurs centaines atteignant 50 m ; en 1902, avec 28 m², ils franchissent quelquefois 100 m (¹). En 1900 et 1901, ils n'avaient pas de gouvernail vertical ; ils changeaient de direction en gauchissant le gouvernail horizontal et les surfaces portantes. En 1902, pour pouvoir faire des mouvements plus importants et rectifier certains troubles dans la direction (²), ils ajoutent à l'arrière un gouvernail vertical de direction et ils commencent à décrire des quarts de cercle (fig. 39).

En 1903, enfin, ils réussissent des balancements sur place, c'est-à-dire du véritable vol à voile. Ils attendent un vent violent de 10 à 12 m par seconde qui les enlève sans effort. Dès qu'ils sentent que l'ascension diminue, ils se mettent en marche vers l'avant pour acquérir de la

(1) Lettre de M. Chanute en date du 21 octobre 1902.
(2) Provenant de ce que, lorsque l'arrière d'une aile est abaissée, elle offre plus de résistance, tend à ralentir la vitesse et par conséquent à faire tourner l'aéroplane de ce côté, ce qui est le contraire de ce que l'on veut produire.

vitesse. A la première rafale, ils se laissent enlever en
reculant pour recommencer encore une glissade en avant
dès que la rafale est passée, et ainsi de suite. Ils sont
arrivés ainsi à rester soixante-douze secondes en l'air,
sans avancer de plus de 3o m en tout([1]).

Ce fait est la réhabilitation de cette minorité d'iso-

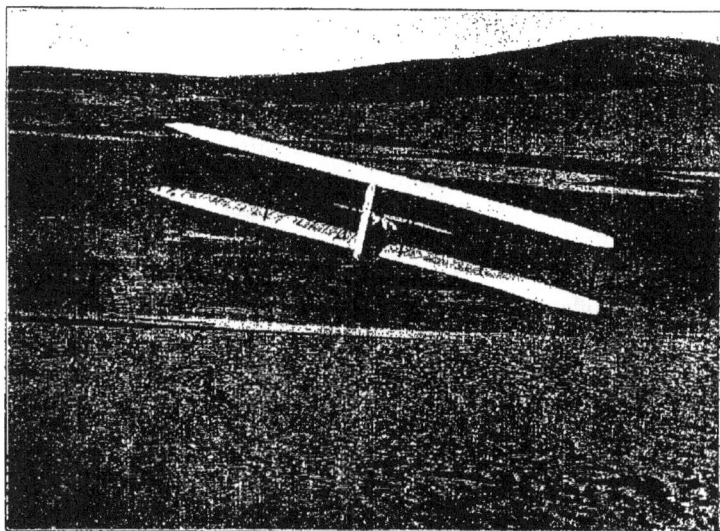

Fig. 39. — Un quart de cercle à droite en 1902.

lés([2]) qui, depuis quarante ans, soutenaient contre tous
que certains oiseaux ne dépensent aucune force pour se
maintenir en l'air([3]). Il est certain aujourd'hui que le

([1]) Lettre de M. Chanute en date du 22 novembre 1903.
([2]) Le Bris, Du Temple, De Louvrié, D'Esterno, Nadar, Claudel, Pénaud,
Trouvé, Tatin, Dandrieux, Richet, Mouillard, Drzewiecki, Goupil, Bazin, etc.
(3) Beaucoup de personnes répugnent tellement à admettre cette théorie
que, même en observant un pareil oiseau, elles disent : « Ses ailes battent
tellement vite qu'on ne les voit pas bouger. Il *doit y avoir* un frémissement
des extrémités. »

phénomène est possible dès qu'il y a quelque part un
vent ascendant. Dans nos pays de plaines où il n'existe
pas de vents ascendants, nous n'avons point d'oiseaux
planeurs. Dans les montagnes, il y en a toujours ; aussi
de simples corbeaux et corneilles peuvent-ils voler pendant des heures sans battre (1). Dans les pays chauds, les
planeurs sont nombreux ; toutefois, Mouillard (2) remarque que les grands vautours, ceux qui par paresse (3) ne
veulent pas battre (4), ne se montrent pas avant 9 heures
du matin : le soleil ne détermine évidemment pas encore
de courants ascendants avant cette heure-là.

Il existe une certaine analogie entre le bateau à voile
et l'aéroplane (5) : l'un et l'autre font du *plus près ;*
mais le premier cherche à se rapprocher d'un plan vertical, l'autre d'un plan horizontal.

En particulier, les Wright marchent à 6° près de l'horizontale ; c'est presque aussi bien que les vautours, et
ces habiles expérimentateurs tenaient dès 1902 entre
leurs mains la réalisation complète du vol à bref délai.

M. Quinton a fondé un prix de 10 000 francs pour
celui qui, moteur éteint, restera plus de cinq minutes en
l'air sans descendre de plus de 5o m. Il s'agit en somme
pour le gagner de prolonger quatre fois cette expérience
des Wright.

Déjà, le 17 décembre 1903, ils avaient commencé les
expériences du deuxième degré (6) avec un appareil de

---

(1) Aux rochers de Naye, j'ai vu une troupe de corneilles planer merveilleusement et, au sommet du mont Mounier (Alpes-Maritimes), j'ai assisté
aux ébats d'un couple de corbeaux qui, pendant une demi-heure, n'ont pas
donné un coup d'ailes.

(2) *L'Empire de l'air,* Paris, Masson, 1881, p. 191.

(3) Le vautour attend la mort de sa proie ; il n'a pas à la poursuivre.

(4) « Chill vautour se balançait sur ses ailes immobiles..... », comme
l'écrit d'une façon si avisée Rudyard Kipling dans le *Livre de la Jungle.*

(5) Aussi plus tard les aviateurs useront-ils des mots nautiques : donner
de la bande, bâbord, tribord, atterrir, prendre l'air, flotter, embarder,
dériver, larguer, amarrer, relever un point, escadrille, ligne de file, venir
tous du même bord, etc.

(6) D'après une lettre de M. O. Wright en date du 28 décembre 1903.

de 5o m², 12 m d'envergure, pesant 338 kg et possédant
un moteur de 20 chevaux qui actionnait deux hélices
arrière. Ils se sont lancés en plaine au moyen d'un rail
en bois, le centre de l'aéroplane reposant sur une seule
roue roulant sur ce chemin et abandonnée au moment de
l'essor. Quatre essais successifs ont été exécutés contre
un vent de 10 m par seconde ; le plus long a duré cin-
quante-neuf secondes avec une vitesse de 16 km par rapport au sol. Un faux coup de barre, donné pour éviter
un monticule de sable, a provoqué l'atterrissage un peu
trop tôt. Le froid intense et la préoccupation de s'assurer
leurs brevets ont déterminé les frères Wright à remettre
la suite de leurs expériences à la saison suivante.

A peine avais-je reçu cette grande nouvelle (10 janvier 1904) que j'écrivis à MM. Wright que j'étais ache-
teur d'une de leurs machines. Ils me répondirent, très
honnêtement, qu'elle n'était pas encore au point. Je pen-
sais alors que le prix serait abordable et que MM. Wright
tireraient leur rémunération de la vente de machines successives. Cette manière de faire leur aurait permis à la
fois de rester chefs d'industrie sans intermédiaires et de
perfectionner, en restant toujours les premiers. C'est
comme cela qu'en France, de 1890 à 1901, s'est développé
l'automobile, presque sans capitaux et uniquement par
les acheteurs toujours prêts à se procurer la voiture
nouvelle même marchant mal. Mais MM. Wright ignoraient évidemment ce détail et se sont mis dans la tête
qu'ils devaient être rémunérés avant tout par une somme
énorme.

Ils se sont crus en avance de dix ans sur les autres et
imbattables. A partir de ce moment ils se sont renfermés
dans un mystère absolu qui a fait croire au public mon-
dial à un *bluff* américain phénoménal.

FERBER A LA POURSUITE
DES WRIGHT, DE 1902 A 1906

Un jour de janvier 1902, je lisais un article non signé sur l'aviation dans la *Revue Rose*. Le directeur m'indiqua très obligeamment les sources consultées. Elles étaient empruntées au professeur G. Bryan, de l'université de Bangor. Ce dernier me donna l'adresse de M. Chanute à Chicago et deux mois après j'étais, avec un volumineux dossier, mis au courant des résultats que je viens d'exposer dans les pages précédentes.

Ce dossier avait été envoyé à tous les journalistes spéciaux, et personne n'avait publié ces admirables résultats ! Ils avaient simplement été jetés au panier. N'est-ce pas un crime de lèse-information ? Il fallait à mon avis être aveugle pour ne pas comprendre que la solution ébauchée par Lilienthal prenait corps et allait tout révolutionner. Pouvait-on rattraper le temps perdu et empêcher l'invention de s'achever en Amérique ? Je le pensai et, après une longue hésitation, due surtout au manque d'esthétique du système ([1]), je décidai de me ranger au principe des deux surfaces, pour trois raisons :

1° Le même poids d'ossature permet d'établir deux fois plus de voilure ;

2° Le mode de construction par réseaux triangulaires donne à cette ossature la solidité d'un bloc plein, à la grande surprise de ceux qui ne sont pas initiés ;

_____

([1]) Ce scrupule trop français fit beaucoup rire M. Chanute quand il l'apprit. Cependant, il est incontestable qu'une chose qui satisfait l'œil par la pureté des lignes marchera mieux qu'une autre. Or les biplans sont laids, ils ne sont beaux que de loin, lorsque déjà l'éloignement fait confondre les surfaces.

Fig. 40. — Aéroplane n° 5. — Le lancer à Beuil en juin 1902.

Fig. 41. — Aéroplane n° 5. — Le gouvernail est mal tenu.
Je ne savais pas encore qu'il fallait l'effacer.

3º Le calcul en est connu, c'est celui de l'établissement d'un pont.

Mon aéroplane nº 5 du type Chanute et Wright (poids 5o kg, 9,5o m d'envergure, 1,8o m de longueur, 1,8o m de hauteur, 33 m² de surface) fut essayé à Beuil (Alpes-Maritimes) en 1902 (fig. 4o et 41).

Surprise délicieuse ! Après quelques avatars (fig. 42 et 43) bien naturels, un beau jour l'aéroplane échappa des mains de mes hommes et se mit à glisser sur les couches d'air comme une flèche de papier.

Cependant il se produisait une dérive latérale assez prononcée et l'atterrissage était dur. Ces défauts furent évités en 1903 dans un appareil un peu plus petit, muni latéralement de deux gouvernails de direction qui formaient quille (fig. 44 et 45). Ce dernier fut essayé sur la plage du Conquet (Finistère), qui m'avait été indiquée à la suite d'un appel que le président du Touring-Club de France voulut bien faire dans la *Revue du Touring-Club* au sujet de la recherche d'un aérodrome. Ce terrain, moins favorable que celui de Kitty-Hawk, est bon par les vents d'ouest, qui dégénèrent malheureusement assez vite en mauvais temps. Il y eut d'ailleurs une longue série de calmes assez désespérants. Quoi qu'il en soit, déjà à la suite de mes expériences de Beuil en 1902, j'avais suffisamment l'équilibre dans les mains pour penser à passer immédiatement à l'installation d'un moteur.

Pour établir mon projet j'inaugurai la méthode des trois poids.

Il y a en effet trois poids importants dans un aéroplane : la partie motrice, le bâti et l'aviateur. Ils me parurent devoir être de même importance. Dans un avant-projet on peut les faire égaux.

L'aviateur et son bagage étant évalués à 100 kg, les deux autres poids seront aussi de 100 kg. Quelle force pouvait-on avoir pour 100 kg ? A cette époque, peu de chose.

Fig. 42. — Les premiers avatars à Beuil en 1902. — La recherche de la bonne position.
1er essai. — On se place trop en arrière et on tombe sur le dos.

Fig. 43. — 2e essai. — On se place trop en avant et on tombe sur le nez.
Après quoi on prend la moyenne.

Fig. 44. — Au Conquet (Finistère), le 3 septembre 1903.

Fig. 45 — Aéroplane n° 5.

Il n'y avait qu'à attendre le perfectionnement du moteur à pétrole, et de fait, si en 1900 on ne pouvait avoir que 3 chevaux (Buchet), on avait déjà en 1903 6 chevaux (Buchet), en 1904 12 chevaux (Peugeot) et en 1905 24 chevaux (Antoinette) ! C'est-à-dire une véritable progression géométrique.

C'est pour cela que je terminais toujours mes rapports par cette phrase : « Comme l'aéroplane double sa force chaque année sans augmenter de poids et que cela est à la disposition de tout le monde, quelqu'un volera, c'est fatal. » Je ne puis pas comprendre comment je n'ai pas pu convaincre plus de personnes parmi ceux qui me voyaient faire mes glissades aériennes avec la plus grande stabilité.

Quoi qu'il en soit, en 1903, je n'avais que 6 chevaux à ma disposition, c'était peu, et pour pouvoir cependant essayer au moins à l'état captif, je fis faire un aérodrome formé par une colonne de 18 m de haut supportant un fléau de 30 m mobile en son milieu autour de ce gigantesque pivot (fig. 46, 47 et 48).

On conçoit qu'une machine volante suspendue à l'un des bras du fléau, équilibrée à l'autre bras par un contrepoids mobile auquel elle est reliée par le même câble, puisse être considérée comme en liberté dans l'espace et, malgré cela, puisse être étudiée sans danger par son propriétaire, comme on essaie un cheval difficile au manège.

Le moteur faisait tourner, par le moyen d'une sorte de différentiel, deux hélices de même pas en sens inverse. La traction insuffisante n'a pas permis la sustentation, d'ailleurs les hélices étaient trop grandes pour la force du moteur.

Je plaçais le moteur à l'avant de l'aéroplane pour des raisons d'équilibre et l'aviateur lui faisait contrepoids à l'arrière.

L'appareil une fois construit pesait 235 kg en ordre de

Fig. 46. — L'Aérodrome Ferber à Nice.

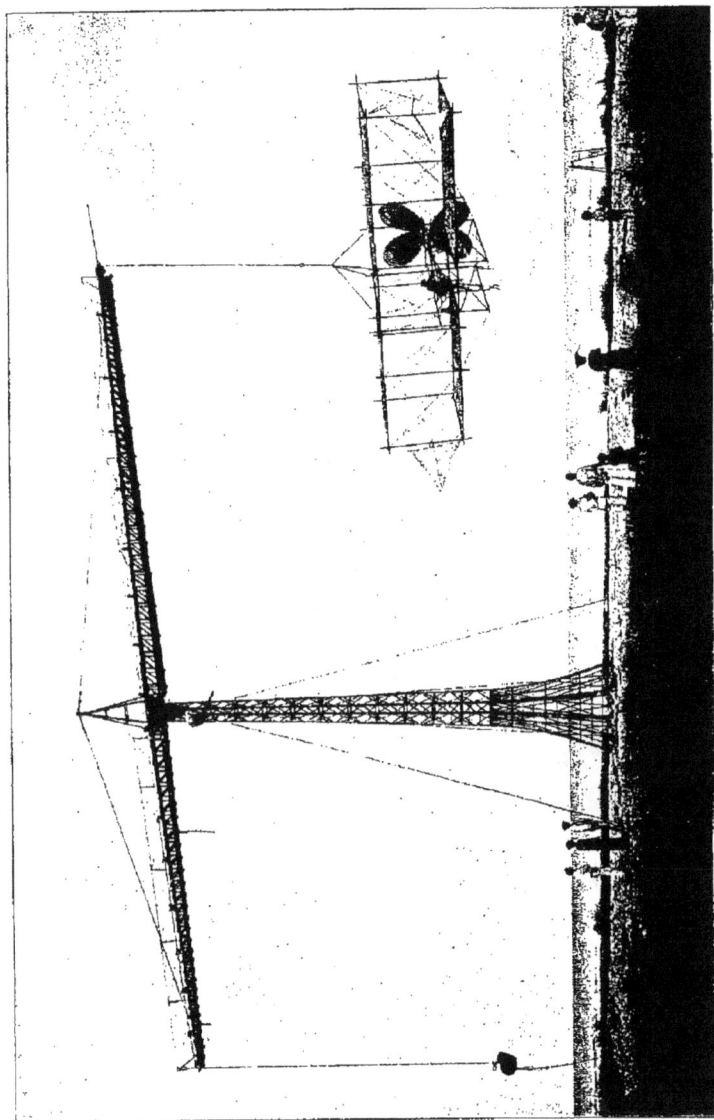

Fig. 47. — Aéroplane Ferber n° VI le 6 juin 1903. Moteur de 6 chevaux.

marche, dont 90 kg pour la partie motrice. La surface
était de 50 m².

Ces expériences ayant fait quelque bruit, le colonel
Renard me fit venir à Chalais en 1904. Malheureusement c'était une époque néfaste où le parc d'aérostation,
tenu en suspicion à cause de grandes dépenses faites dans

Fig. 48. — Échafaudage qui a servi à construire l'aérodrome.
On juge du travail considérable qui a dû être fait, d'autant plus que cette charpente
a été enlevée une fois par un cyclone en mai 1902.

la décade précédente, était réduit à la portion congrue. Je
fus obligé, pour produire quelque chose, de faire venir
mon matériel de Nice, d'acheter des moteurs et même
de parfaire la paie d'un ouvrier qui m'était nécessaire.

À Chalais il ne pouvait être question d'opérer avec du
vent ascendant, car le terrain possible occupe le fond

d'une cuvette. Le vent, quand il y en a, est descendant
et tourbillonnant. J'imaginai alors un plan incliné spécial[1] que je vais décrire parce que dans le futur, pour
les poids lourds et les grandes vitesses, il pourra encore
rendre des services.

Je me suis décidé pour le plan incliné supérieur, c'est-à-
dire tel que la machine volante y soit suspendue, parce

Fig. 49. — Aéroplane Ferber n° 6 à moteur, essayé à l'aérodrome le 7 juin 1903

que, dans ce type, la machine est en sûreté pendant tout
le temps de son trajet sur l'aérodrome, c'est-à-dire pendant qu'elle ne peut se défendre[2].

---

(1) Je n'ai pas réédité l'aérodrome que j'avais à Nice, dans lequel la force
centrifuge empêche de donner de grandes vitesses initiales.
(2) Quand la machine repose sur le plan incliné, elle peut être renversée
sans défense pendant le trajet par un vent latéral inopiné.

Je recherchais encore un second avantage dont le procédé de lancement des torpilles m'avait donné l'idée. Les torpilles sont éjectées et lancées à la mer au moyen d'un tube dans lequel explose une petite charge de poudre. Pour éviter que la torpille ne subisse des rotations nuisibles, elle est supportée jusqu'au dernier moment au-dessus de son centre de gravité au moyen du tube lui-même qui se prolonge en forme de cuiller. De même, en suspendant l'aéroplane au-dessus de son centre de gravité, au moyen d'une seule corde, à l'endroit où devait s'exercer la résistance de l'air, on aurait l'avantage de passer du milieu terrien au milieu aérien avec le moins de trouble possible.

Je l'ai réalisé au moyen de câbles comme l'indique le croquis ci-dessous :

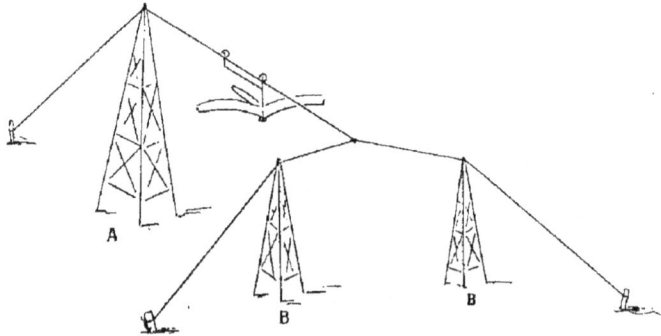

Fig. 50. — Perspective cavalière de l'ensemble.

Un grand pylône A de 20 m de haut porte le câble formant plan incliné. Ce câble aboutit à un second dit traversier et porté par deux petits pylônes de 10 m de haut formant portique BB. Le câble avait dans sa partie utile 40 m de long et était, grâce au terrain, incliné à 33 %. Cette inclinaison était nécessaire pour obtenir une vitesse initiale de 10 m à la seconde.

La machine volante portée par un chariot roulant était déclanchée automatiquement à l'arrivée au traversier.

Cet aérodrome a été détruit au moment de l'arrivée à Chalais du *Patrie,* les conducteurs de l'aéronat ayant craint de s'embrocher au sommet des pylônes. Ce fait montre que l'âpreté de la lutte pour l'existence s'affirme même entre des choses inanimées et nous permet de prévoir dans un avenir prochain, entre le plus léger et le plus lourd que l'air, des luttes qui se termineront à l'avantage du dernier.

Pour le moment c'est le dirigeable qui a eu l'avantage et il en a abusé[1].

Cet aérodrome valait surtout par les détails. Ainsi, contrairement aux habitudes des crochets à déclanche-

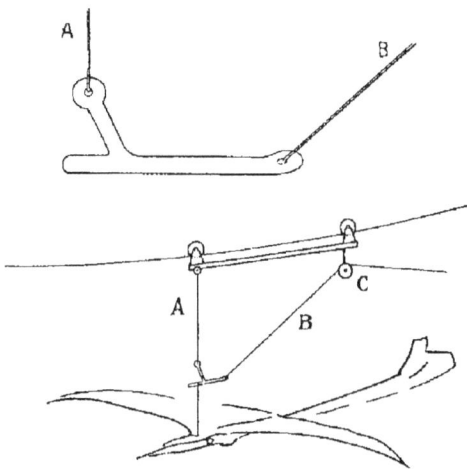

Fig. 51. — Crochet de déclanchement.

ment dits automatiques, celui que j'employais n'a jamais failli à sa tâche. Le croquis ci-dessus explique son fonctionnement.

[1] Le parc d'aérostation est divisé en deux par une cloison étanche : le

La corde A tenait le crochet qui portait l'aéroplane et une seconde corde B attachée d'une part à la queue du crochet passait sur une poulie C suspendue au chariot et venait enfin s'amarrer au grand pylône. Quand cette corde se tendait, le crochet était forcé de se lever et de libérer l'aéroplane.

Pour accrocher l'aéroplane ou pour permettre à l'aviateur d'y monter, on pouvait baisser le câble du plan

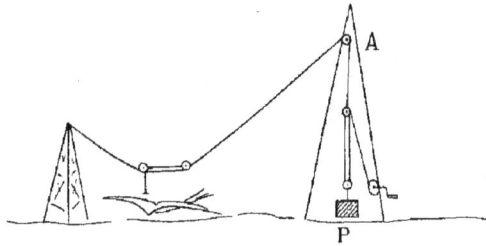

Fig. 52. — Manœuvre du câble.

incliné parce qu'il passait au sommet du grand pylône sur une poulie A, puis était frappé sur un palan. Le palan était amarré à un contrepoids P de 2 000 kg et le galant passait sur un treuil. Avec le treuil on tendait le câble et l'on s'arrêtait lorsque le contrepoids commençait à se

laboratoire d'expériences dont je relevais et l'arsenal des ballons, possesseur des hangars et d'une belle pente gazonnée où j'avais l'autorisation d'évoluer. Ces deux départements ne correspondent que par l'intermédiaire du ministre.

Or, l'Arsenal à Ballon attendait avec joie, orgueil et impatience le *Patrie* et dans la crainte de manquer une belle entrée avait obtenu du ministre la démolition de mon plan incliné de lancement et la sortie de mon aéroplane du hangar. Le laboratoire avait réclamé, mais en vain, et je fus obligé de laisser l'engin coucher à la belle étoile, où la tempête du 19 novembre 1906, un mois avant l'arrivée réelle du dirigeable, le trouva sans défense, privant l'État d'un aéroplane absolument au point, comme le prouvent mes dernières expériences.

Ces dualités qui existent dans toutes les grandes administrations sont infiniment regrettables pour le progrès des choses.

soulever : à ce moment je savais qu'il s'exerçait dans le câble une tension de 2 000 kg et dans les haubans, poulies, etc., des tensions déterminées. Cela constituait une grande sécurité pour le système.

Une fois le câble tendu, il fallait remonter le chariot vers le haut. A cet effet, un crochet D venait le saisir par une boucle E, puis à l'aide d'un second treuil on remontait tout l'ensemble vers le grand pylône, d'où en tirant la cordelette F on était en mesure de libérer le système en l'abandonnant à l'effort de la gravité (¹).

L'aérodrome une fois construit, mon ancien aéroplane de Beuil et de Nice, le n° 5, fut entièrement refait avec plus de perfection dans les détails. J'inventai des assemblages pour bambou commodes, des nervures pour sou-

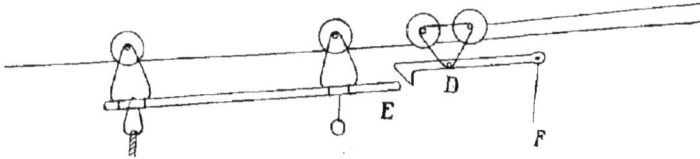

Fig. 53. — Manœuvre du chariot.

tenir les toiles et des tendeurs simples pour raidir les fils d'acier (²).

A partir du commencement de 1904 je place deux roulettes à l'avant de l'aéroplane afin qu'il ne se bute pas dans la terre à l'atterrissage. L'arrière au contraire reste sur patins et fait frein. De cette manière, si la vitesse horizontale n'est pas complètement annulée par le relèvement de la voiture, elle est diminuée graduellement et sans choc par la réaction du sol. Ce mode de construction est absolument pratique, et je l'ai éprouvé actuellement dans deux cent soixante atterrissages, sur lesquels

---

(¹) En 1906, M. le colonel Bertrand a imaginé, pour faire varier les vitesses initiales, d'installer dans le grand pylône un contrepoids permettant le départ sur une glissière, comme Wright.

(²) Voir la note à la fin de l'ouvrage.

il y a eu à peine 5 °/₀ d'accidents dont deux seulement auraient pu être graves. On entend encore une quantité de personnes présenter toujours l'atterrissage comme un épouvantail ; il est fâcheux que je n'aie pas pu faire mes expériences publiquement, car on aurait vu dès cette époque que l'atterrissage n'est qu'un jeu : il suffit d'arriver tangentiellement au sol et de laisser rouler. C'est un petit doigté à acquérir et il est de l'ordre de celui qu'il faut pour, à bicyclette, s'arrêter en longeant un trottoir ; ce n'est donc pas difficile.

Enfin, mieux documenté, j'avais adopté, fin 1903, la longue queue préconisée par Pénaud, qui n'existe pas sur le type de Wright. A partir de ce moment la stabilité longitudinale est devenue parfaite, je n'ai plus été obligé de faire des bonds d'écureuil dans l'intérieur de l'appareil comme cela était nécessaire en 1901 et 1902, j'ai pu m'asseoir confortablement, et même il n'était nécessaire de toucher au gouvernail de profondeur qu'au départ et à l'arrivée.

Quant à la stabilité latérale, un très léger V des ailes a suffi pour assurer l'équilibre d'une manière parfaite. Deux gouvernails latéraux permettaient de faire donner de la bande à l'aéroplane et par conséquent de le faire tourner.

A la fin de 1904, j'étais en possession d'un ensemble de résultats précieux qui sont les suivants :

1° La queue se place sur la tangente à la trajectoire et détermine par conséquent l'angle d'attaque. Pour un aéroplane donné, l'angle d'attaque ne peut descendre au-dessous d'une certaine valeur ;

2° Confirmation du fait que la trajectoire peut se réduire à une ligne droite, parcourue d'un mouvement uniforme, dès que la vitesse initiale est égale à la vitesse de régime de l'aéroplane ;

3° Souplesse de manœuvre et possibilité de donner des ondulations autour de cette trajectoire à l'aide du gouvernail de profondeur ;

4° Quand la répartition des masses est mal faite, l'aéroplane, au lieu de suivre une ligne droite, a des mouvements de tangage autour de cette ligne droite ;

5° La pente limite obtenue avec mon aéroplane n° 5 était de 1/5 avec une vitesse uniforme de 8 m par seconde ;

6° Un aéroplane lancé avec une vitesse plus faible que sa vitesse de régime fait une abatée pour la rattraper ;

7° Un aéroplane lancé avec une vitesse plus forte que sa vitesse de régime se cabre pour la diminuer ;

8° L'atterrissage se fait sans aucun dommage, lorsqu'on arrive parallèlement au sol, en laissant rouler l'avant ;

9° Facilité de rotation dès qu'au moyen d'un gouvernail de direction, on rompt l'équilibre latéral en faisant donner de la bande à l'aéroplane ;

10° Généralisation du phénomène appelé dérapage en automobile, et qui est une translation compliquée d'une rotation. Le phénomène diminue et cesse quand la vitesse augmente ;

11° Quand un gouvernail vertical est placé trop haut, il fait tourner l'aéroplane en sens inverse de ce que l'on espère ;

12° Non seulement un aéroplane muni d'une seule hélice donne de la bande, mais encore il a une tendance à tourner toujours du même côté, et cet effet gênant l'emporte sur le précédent (cela vient de ce que l'arbre de l'hélice ne reste jamais horizontal) ;

13° Une voiture, un bateau qui ont à évoluer sur une surface peuvent se contenter d'un seul gouvernail de direction. Dans un engin appelé à se mouvoir dans un espace à trois dimensions, il faut trois gouvernails : le précédent, le gouvernail de profondeur et le gouvernail utile pour donner plus ou moins de bande à l'appareil[1].

---

[1] Il faut que ces gouvernails agissent à hauteur du centre de gravité, autrement leur action empiéterait sur celle des autres. C'est ce qui permet d'ailleurs de les réduire si l'on veut à deux ; dans ce cas l'un des deux a deux fonctions.

Fig. 54. — Premières expériences à Cholais en octobre 1904; l'aéroplane, n'ayant pas encore de V, glissait latéralement sans rester horizontal.

Fig. 55.

Fin octobre 1904. Le V très léger que dessinent beaucoup d'oiseaux
remédie à cet inconvénient.

Les focs latéraux donnent la direction, mais ils font tourner l'aéroplane en sens inverse
de ce qui était prévu, parce qu'ils sont trop hauts.

Ces résultats étaient acquis en 1904 et il fallait pour obtenir davantage avoir une traction motrice ; mais connaissant le calvaire parcouru par les Maxim, les Langley, les Renard pour inventer le moteur, il me suffisait de connaître le principe du moteur à pétrole pour être sûr que l'industrie finirait par le produire. En effet, de la machine à vapeur si lourde le moteur à pétrole supprime la chau-

Fig. 56.

Aéroplane Ferber n° 5 le 12 décembre 1904. La stabilité est tout à fait automatique. Les focs latéraux diminués maintiennent enfin une direction correcte.

dière et le foyer pour ne garder que le cylindre. Au lieu du double approvisionnement si lourd en eau et charbon, le moteur à pétrole ne consomme que de l'air qui est partout et de l'essence, si légère. Tout les gens raisonnables auraient dû voir dès le commencement du siècle que l'aviation n'était plus une utopie parce que la force motrice était « en puissance ».

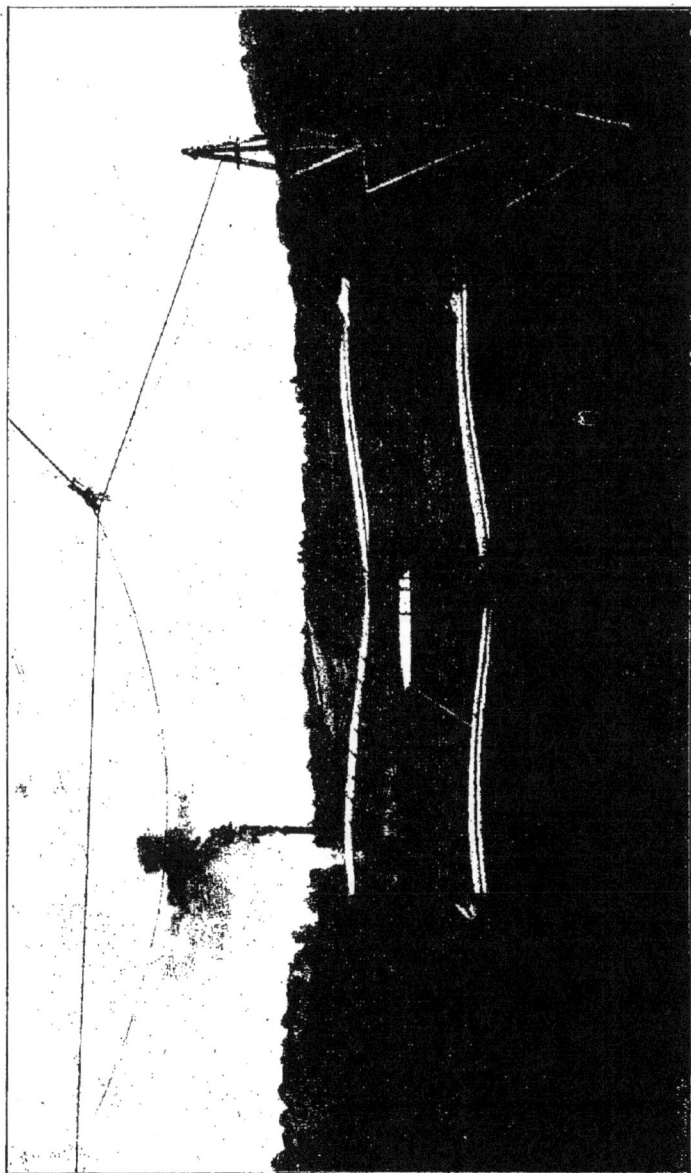

Fig. 57.

Janvier 1906. — Aéroplane Ferber n° 6 semblable au précédent, mais plus grand, et disposé pour porter un moteur.

Quoi qu'il en soit, c'est le 27 mai 1905 que j'ai pour la première fois coupé le fil qui retenait mon aéroplane à moteur et que j'ai fait mon premier parcours au moyen de mes hélices. Le moteur de 6 chevaux était insuffisant, il a simplement fait passer la pente de la trajectoire de 1/5 à 1/7. C'était peu et il fallait augmenter la force motrice. Je ne perdis pas une seconde, et le même jour j'allai

Fig. 58.

Aéroplane Ferber n° 6 monté par deux personnes (Burdin et Ferber).

trouver l'ingénieur Levavasseur dont M. Archdeacon venait de me faire faire la connaissance. Levavasseur avait fait un moteur de 80 chevaux extraordinairement léger qui, placé sur le racer « Antoinette », avait battu tous ses concurrents. Je demandai à Levavasseur de me faire un moteur de 24 chevaux pouvant faire tourner deux

Fig. 59.

27 mai 1905. — L'aéroplane Ferber n° 6 muni d'un moteur est déclanché en liberté. C'est le premier aéroplane monté à moteur qui ait fait un parcours stable en Europe.

Fig. 60.

Juin 1905. — Photographie montrant l'inconvénient qui se présente avec une seule hélice ou une hélice prépondérante.
L'aéroplane tourne toujours d'un même côté.

Fig. 61.

Juin 1905. — Même expérience vue par l'avant. Pour remédier à l'inconvénient précité on a muni la queue d'une quille verticale.

Cliché Rol.

Fig. 62.

26 juillet 1908. — L'aéroplane Ferber n° 9 traverse le champ de manœuvre d'Issy-les-Moulineaux.

hélices de 2,5o m à 6oo tours en sens inverse l'une de
l'autre, le tout en ordre de marche ne dépassant pas
1oo kg. Il le promit et je l'achetai ferme. Quand, à Chalais, mes chefs apprirent que j'avais acheté un moteur
non encore dessiné, ils me crurent subitement devenu
fou et m'avertirent que l'État ne pourrait pas me suivre

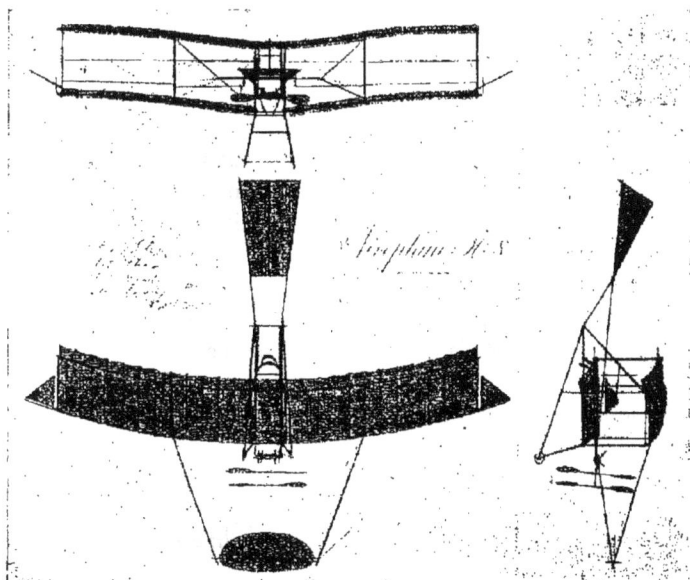

Fig. 63. — Plan et élévation des aéroplanes nᵒˢ 8 et 9.

sur ce terrain. C'était pourtant le seul moyen d'arriver,
comme l'ont prouvé les Santos, les Blériot et les autres
qui, aux aguets, ne tardèrent pas à suivre mon exemple.
    J'ai déjà raconté comment l'aéroplane muni de ce mo-
teur, et le huitième de ma série (fig. 63), avait été détruit
faute de hangar par la tempête le 19 novembre 1906, au
moment où il allait faire ses preuves. Je n'ai jamais bien

compris pourquoi l'État avait laissé ainsi péricliter un
matériel qui lui appartenait et qui allait lui donner le
mérite de réaliser le premier la conquête de l'air.

A ce moment, Levavasseur m'ayant fait des propo-
sitions pour entrer comme ingénieur à la société Antoinette qui se fondait, je demandai un congé de trois ans.
J'ai naturellement été absorbé par la préparation des
moteurs et des hélices de toutes sortes, etc., qui allaient
servir à faire distinguer les autres, et ce n'est qu'en 1908
que la Société, enfin éclairée sur le véritable rôle
qu'elle aurait dû jouer, a mis en chantier mon aéroplane
n° 9 pareil au n° 8.

Le résultat ne s'est pas fait attendre. Le 14 juillet l'aéroplane sortait à Issy-les-Moulineaux, au troisième essai
il s'enlevait et, le 25 juillet, il traversait tout le polygone
(fig. 62), avec une stabilité parfaite montrant ce qu'il
aurait fait dès 1905. Ce succès me permettait de clore
par une preuve tout ce que j'avais avancé dans mes précédentes brochures, me récompensait de ma longue attente
et m'encourageait à signer le bon à tirer de cet ouvrage
si longtemps retardé.

Wright de 1903 à 1907 ou le soi-disant mystère
des Wright

Après le fameux essai du 17 décembre 1903, les Wright
continuent en 1904 les expériences près de Dayton.
Celles faites au printemps sont suivies d'un échec[1]; mais
le 20 septembre ils réussissent le premier virage après
plusieurs accidents provenant du fait qu'un aéroplane en

---

[1] Devant des journalistes qui, n'ayant rien compris à l'intérêt de ces
expériences, s'en sont désintéressés et n'ont plus rien signalé. Ils avaient
confondu ballon et aéroplane !

virant perd de la hauteur s'il n'a pas de force en excès.
Ils comprirent que pour être sûr de virer il fallait commencer par monter le plus haut possible.

Mais ils durent bientôt se rendre maîtres d'un défaut de
centrage qui faisait à chaque instant cabrer leur machine.
Ils furent obligés de charger l'avant le 1er novembre
avec 25 kg de barres d'acier en surcharge, puis le
9 novembre avec 36 kg. Ces résultats, quand ils arrivèrent à ma connaissance, représentaient trop les phénomènes qui se produisent avec les petits modèles pour
que j'en fusse surpris, et pour qu'ils ne me fussent pas
une nouvelle preuve en faveur de la réalité de l'invention
faite par les frères Wright (¹). D'ailleurs renseigné soit
par eux-mêmes, soit par Chanute, j'enregistrais soigneusement les progrès successifs, qui jamais ne se contre-
disaient. Cela formait la preuve de vérité que l'on a
coutume d'admettre en comptabilité où il est impossible
de tromper la justice lorsque sur le registre-journal les
faits sont inscrits sans surcharge ni rature.

Ainsi par parties successives j'avais fini par reconsti-
tuer la machine de Wright tout entière, un peu à la manière dont, par les os fossiles, les géologues reconstituent
les animaux préhistoriques qu'ils n'ont jamais vus, et
quand les fameux frères Wright sont arrivés au Mans,
je n'ai pas été pris de cette hâte un peu fébrile de la foule
des aviateurs parisiens qui n'avaient de confiance que
dans le sens de la vue, lequel, au point de vue philoso-
phique, n'entraîne pas plus de certitude que les autres !

Ceci explique pourquoi, lorsque je reçus de Wright la
lettre suivante du 9 octobre 1905, je ne fus pas autrement

---

(1) Tous ces renseignements ont d'ailleurs paru en leur temps dans ma
brochure *Pas à Pas, Saut à Saut, Vol à Vol*. Les vols de novembre 1904
avaient dépassé cinq minutes pendant lesquelles quatre grands orbes représentant plus de 4 km ont été décrits. Je n'ai d'ailleurs jamais cessé d'annoncer
partout la réussite totale des Wright, et j'ai évidemment été une cause directe de l'achat de leur invention en France et non ailleurs.

surpris, car c'était la suite naturelle de mes premiers renseignements :

October 9th, 1905.

Captain Ferber,

Chalais-Meudon, France.

Dear Sir,

At the time we received your letter we were just getting ready
to resume our experiments, and we thought that in a short time
we would be able to answer your inquiries in regard to the prac-
ticability of our flyer. We have been delayed longer than we
expected. While our experiments last season had led us to expect
much, nevertheless, until we had really made flights of much
longer duration than those of five minutes, we could hardly con-
sider that our flyer was *practical* for the purposes it will be called
upon to serve in the future.

But our experiments of the past month have shown that we can
now build machines that are really practical and suitable for many
purposes, such as military scouting, etc. On the 3rd of October
we made a flight of 24,535 meters in 25 minutes and 5 seconds.
This flight was stopped through the heating of a bearing in the
transmission, on which we had no oil cup. October 4th we made
a distance of 33,456 meters in 33 minutes and 17 seconds. The
transmission bearing heated again, but we succeeded in returning
to the starting point before we were compelled to turn off the
power and alight. On October 5th our flight had a duration of
38 minutes and 3 seconds, covering a distance of over 39 kilometers. Landing was caused by the exhaustion of the supply of
fuel. An oil cup cured the trouble with the bearing which had
terminated the previous flights. Witnesses to these flights have
become so enthusiastic that they have been unable to hold their
tongues, and as a result our experiments have become so public
that we are compelled to discontinue them for the present, or at
least until we find a less public place to carry them on.

The past several years have been given almost entirely to the
development of our flyer, and but little time has been given to the
consideration of what we would do with it when we had it per-
fected. But it is our present intention to first offer it to the
governments for war purposes, and if you think your government
would be interested, we would be glad to communicate with it.

We are prepared to furnish machines on contract, to be accepted
only after trial trips of at least 40 kilometers, the machine to carry

an operator and supplies of fuel etc. sufficient for a flight of 160 kilometers. We would be willing to make contracts in which the
minimum distance of the trial trip would be more than 40 kilometers, but, of course, the price of the machine in that case would
be greater. We are also ready to construct machines carrying
more than one man.

    Respectfully yours,

                WILBUR and ORVILLE WRIGHT.

    J'étais le premier dans le monde entier à connaître,
longtemps avant les autres, une nouvelle sensationnelle ;
je connus ce sentiment d'assurance et de légitime fierté
que ne connaissent d'ordinaire que les grands politiques
ou les hommes des grandes affaires, et je voulus en
faire profiter mon pays ; l'armée d'abord naturellement.

    Chose étrange, cela me fut impossible par la succes-
sion logique des faits que je vais raconter. Je fis mon
rapport à mes chefs hiérarchiques, qui n'en crurent pas
un mot, et me traitèrent comme un doux illuminé. Ils
auraient cependant dû être avertis de la possibilité des
choses par les glissades stables que je faisais avec mon
appareil déjà muni d'un moteur et qui authentiquait
toutes les prémisses du problème.

    Les deux grandes raisons dont on se servit à ce mo-
ment pour douter furent : Si des hommes avaient réellement volé dans les airs, on le saurait. Et comment un
simple capitaine d'artillerie peut-il savoir une chose
qu'ignorent même les journalistes américains, qui tiennent à honneur d'être les mieux informés du monde !

    D'un côté tous mes travaux répondaient pour moi et
de l'autre il n'y avait qu'une hypothèse réalisée depuis,
c'est que les reporters américains n'avaient pas fait leur
métier, et n'avaient rien compris aux expériences de
Wright. D'ailleurs l'Amérique, sauf quelques personna-
lités éminentes, était à ce moment prodigieusement en
retard sur toutes les questions aéronautiques.

Dans une seconde lettre du 4 novembre, les frères
Wright me font connaître que le prix qu'ils fixent pour
leur machine est de 1 million de francs, payable seulement après qu'un parcours de 50 km aura été effectué.

Ce qui était prohibitif ; mais les acheteurs ne risquaient
pas d'être trompés.

Entre temps, je fais une enquête par l'intermédiaire de
M. Chanute et de notre consul à Chicago qui m'indique
un M. Gouffault, Français habitant Dayton. Je demande le
2 novembre à M. Lahm, Américain et membre de l'Aéro-
Club, de prendre des renseignements dans son pays, ce
qu'il fit immédiatement avec l'intention d'y faire... une
affaire.

Malgré cela, un mois entier passait, et je perdais tout

Fig. 64. — L'*Auto* du 24 décembre 1905.

espoir d'intéresser le ministre de la guerre par la voie
hiérarchique. La nouvelle allait s'ébruiter. Je mis les
pièces sous les yeux de M. Archdeacon, qui, à ma grande
surprise, eut des doutes extraordinaires qu'il a formulés
dans un article aux *Sports* du 3 décembre 1905, et il me
quitta en me disant qu'en aucun cas il ne se mettrait à
la tête d'un comité d'achat.

Sur ces entrefaites, M. Besançon, directeur de l'Aérophile, recevait une lettre analogue à celle que j'avais reçue et la publiait dans l'*Auto* du 30 novembre 1905. Il n'y avait plus de secret possible à garder, et je donnai tous

Fig. 65. — L'*Auto* du 7 février 1906.

les renseignements que je possédais pour faire éclater la vérité. Le journal *Les Sports* prit le contre-pied et déchaîna la campagne du doute et du bluff qui fut suivie par la majorité, les gens ayant en général plus de facilité pour nier que pour croire.

Toutefois, l'*Auto* envoyait à Dayton un de ses rédacteurs, M. Coquelle, qui fit à la perfection son métier de reporter américain, puisque personne aux États-Unis

n'avait su le faire. Il arriva à se procurer le cliché ci-
dessus, provenant d'un croquis que le *Dayton Daily News*
avait dû publier, mais dont les Wright avaient obtenu
la suppression ([1]) [fig. 64].

Ce dessin a été depuis complété par un autre (fig. 65)
paru dans l'*Auto* du 7 février 1906, mieux fait à certains
points de vue et qui achevait de donner des détails
suffisants pour comprendre le départ.

Entre temps, M. Lahm avait terminé l'enquête que je
lui avais demandée et publiait une lettre d'un de ses
amis, M. Weaver, qui avait interrogé sur place divers
témoins. C'est M. Lahm qui obtint enfin, à force de sup-
plications, qu'un journal américain publiât un article sur
le sensationnel événement. Cet article parut le 1er janvier
1906 dans le *New York Herald, de Paris,* un mois après
celui de l'*Auto* et deux mois et demi après mon informa-
tion !

Malgré cela, la campagne du doute prenait de plus en
plus d'importance, et la commission d'aviation de l'Aéro-
Club, sous la pression de M. Archdeacon, s'abstenait de
se mettre à la tête d'une souscription([2]).

Je désespérais d'arriver à quelque chose lorsque au
dîner de l'Aéro-Club de décembre, je parvins à convaincre
deux de ses membres, M. Cartier et M. Desouches, qui se
décidèrent parce qu'ils trouvaient tout naturellement que
les capitalistes ne risquaient absolument rien et qu'une
machine volante « valait bien ça ».

---

(1) Ce dessin a eu une grande importance, il nous montrait les derniers
détails que nous ignorions ; c'est lui qui est cause que les premiers aéroplanes de Delagrange et Farman, février et juin 1907, ont eu le gouvernail
avant cellulaire.

(2) Aujourd'hui je pense me rendre compte que M. Archdeacon n'a pas
eu tort, car il nous a donné deux ans de répit pendant lesquels les Santos,
les Farman, les Delagrange ont fait de l'aviation une science française ;
mais de mon côté je n'avais pas tort de vouloir faire acheter la machine
Wright, car, s'ils avaient été des inventeurs ordinaires, ils auraient montré
leur engin aussitôt et par mon initiative il eût été acheté et utilisé en
France d'abord.

Ils me présentèrent à M. Letellier, directeur du *Journal,* que je finis par convaincre aussi, et à la fin du déjeuner où j'avais exposé la question il faisait appeler M. Fordyce, que j'accréditai près des frères Wright ([1]) et qui partit séance tenante pour Dayton afin de passer un contrat avec les inventeurs.

M. Fordyce revint fin janvier avec le contrat dit des 50 km qui assurait aux inventeurs 1 million de francs payable après l'homologation du parcours. Une somme de 25 000 fr d'indemnité devait rester aux frères Wright dans le cas où l'affaire serait abandonnée au bout de six mois. Comme elle l'a été, faisons remarquer tout de suite l'ironie des choses, car j'ai été en mesure de faire donner 25 000 fr à d'autres, alors que je n'ai jamais pu obtenir pour moi-même le crédit de 25 000 fr qui était suffisant pour réaliser à cette époque mon aéroplane n° 9.

Mais la campagne du doute n'ayant fait que croître, M. Letellier se rendit compte qu'une souscription publique dans son journal n'aurait aucun succès. Il chercha donc un Mécène et nous vîmes successivement MM. de Rothschild, Deutsch de la Meurthe, etc.; mais la somme était trop forte pour un seul. Aucun d'eux d'ailleurs n'aurait voulu partager l'honneur de rendre un service au pays, de sorte que nous revînmes encore bredouille.

Tout à coup, M. Letellier pensa que le ministre de la guerre, M. Étienne, s'intéresserait peut-être et lui fit ca-

---

([1]) La dépêche par laquelle j'ai prévenu les frères Wright était ainsi conçue :

« Friend with full power for stating terms of the contract will sail next saturday, wire if convenient. »

FERBER.

A laquelle laconiquement ils ont répondu :

Captain Ferber, France.

Time convenient.

WRIGHT.

Fig. 66. — L'aéroplane Wright tel qu'il était dès 1905.

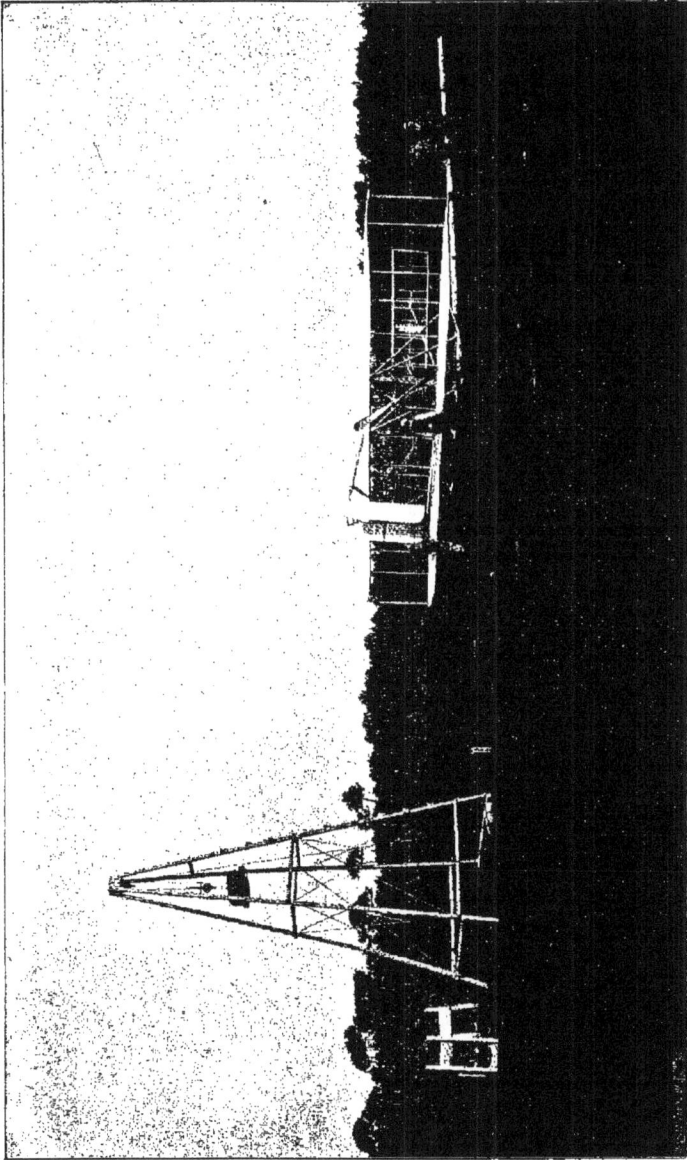

Fig. 67. — Le mode de lancement de l'aéroplane Wright.

Fig. 68. — L'aéroplane Wright — le départ.

deau du contrat (¹). En effet, le ministre fut assez intéressé pour envoyer une mission à Dayton, chargée de faire une nouvelle enquête, d'offrir un prix plus bas, et d'exiger que la machine pût être employée à la guerre. Pour cela, on voulut d'abord exiger que la machine pût monter à 1 000 m. Je parvins à faire réduire cette hauteur à 300 m, mais il me fut impossible de la faire baisser davantage, et c'était trop pour une nouvelle invention. Aussi les Wright répondirent-ils très honnêtement qu'ils feraient la preuve que l'engin pouvait partir du sol en s'élevant sur une pente de 10 °/₀. Quant à eux, il s'arrêteraient à 30 m de haut et ne dépasseraient pas cette zone. De plus, ils refusaient une somme de 600 000 fr qui leur fut offerte et les pourparlers furent rompus.

(¹) *Notice technique sur l'invention des frères Wright que M. Letellier m'avait prié de faire pour trouver des souscripteurs.* — Depuis quelque temps, les journaux signalent les performances remarquables d'une machine volante : celle des frères Wright. Il n'y a rien là qui puisse surprendre ; nous sommes à l'époque précise où, l'industrie étant arrivée à hauteur de l'effort que les aviateurs demandaient, l'invention éclate. Les frères Wright arrivent bons premiers, ils peuvent être suivis par d'autres à bref délai.

L'histoire de ce mouvement est très simple : en 1891, l'Allemand Lilienthal inventait la méthode pour apprendre à voler : il suffisait de faire des glissades sur l'air en descendant une colline à la façon des montagnes russes. Il découvre ainsi que 20 m² sont suffisants pour porter un homme à la vitesse de 10 m par seconde.

Vers la même époque naît le moteur à pétrole. Il a, sur la vapeur, l'avantage de la légèreté, car, supprimant la chaudière et le foyer, il ne garde que le piston. De plus, le poids de l'essence d'approvisionnement ne peut se comparer au charbon et à l'eau nécessaires à la chaudière.

Enfin, on connaît par les formules du colonel Renard la force nécessaire pour entraîner dans l'air à la vitesse convenable la surface suffisante pour porter un poids donné. « Lorsque les moteurs seront arrivés au poids de 7 kg par cheval, dit le colonel, la navigation aérienne par aéroplane sera possible ; lorsqu'ils seront arrivés à 2 kg par cheval, la navigation aérienne par hélicoptères sera possible... »

Or, c'est vers 1903 que les moteurs à essence sont arrivés à ne peser que 7 kg par cheval (sous une petite force). C'est donc à partir de cette époque que l'invention devait se produire, car on avait le moteur et la méthode de travail.

Une chose très extraordinaire, c'est que ces raisons n'aient pas en France été bien appréciées : jusqu'en 1903, j'ai été seul pour répéter les expériences de Lilienthal. En Angleterre, elles l'ont été dès 1896 par Pilcher, en Amérique, dès 1897, par Chanute et Herring, mais c'est en 1900 que les frères

Les autres gouvernements (y compris celui des États-Unis), qui savaient que la France n'avait pas voulu de la machine, ne répondirent pas aux sollicitations des frères Wright. Ceux-ci commencèrent à être sérieusement inquiets de ne pouvoir tirer parti de leur invention, d'autant plus que Santos-Dumont, puis Delagrange, puis Farman commençaient à éveiller l'attention.

Ces événements les inclinèrent à faire ce qu'ils redoutaient au commencement par-dessus tout. Ils écoutèrent les propos d'un financier, M. Hart O. Berg. Mais ce dernier eut une rude besogne et des frais considérables. Il fallut d'abord faire voyager les Wright, commander des moteurs et des aéroplanes, faire des démarches en quantité, et déposer 12500 fr auprès du gouvernement

---

Wright se dégagent ; en 1901, ils font 50 m, en 1902, 100 ; en 1903, ils ajoutent un moteur et font 200 m horizontalement pour la première fois ; en 1904, ils font 500 m et essaient leurs premiers cercles ; enfin, en 1905, ils accusent 20, 25 et 39 km... C'est la navigation par le plus lourd réalisée.

Non seulement on peut entrevoir un sport passionnant — des moyens de communication à vitesse formidable — mais on conçoit immédiatement un engin de guerre prodigieux.

Ce ne serait pas tant pour déposer en sécurité de rares et insuffisants projectiles sur la tête de l'ennemi que pour l'aide puissante que de nombreuses escadrilles de ces engins donneraient au commandement.

C'est pour le général en chef la possibilité de savoir à chaque instant les marches et contremarches de l'ennemi. C'est pour le gouvernement le moyen, en faisant croiser ses escadres sur la profondeur totale du territoire ennemi, d'avancer jusque-là ses frontières, et rien n'échappera aux vues des réserves dernières, des ressources de toute nature hâtivement mobilisées.

Dans ces conditions, la victoire est certaine, car, comme le dit notre vieux Montluc : « Quand l'host sait ce que fait l'host, l'host bat l'host. »

Tout près de la solution moi-même, je regrette naturellement de n'avoir pas eu les moyens de mettre à bord de mes aéroplanes la force nécessaire et ainsi de n'avoir pas pu donner cette belle invention au pays. Toutefois, je crois que c'est en France que nous avons les moyens d'utiliser le plus rapidement cette invention, car les esprits y sont plus préparés qu'ailleurs et c'est pourquoi, me plaçant au-dessus de vulgaires préjugés d'inventeurs, je désire de tout mon cœur que la machine Wright achetée, copiée, imitée, transformée et surtout utilisée par nous, nous permette de prouver au monde, comme nous l'avons fait avec l'automobile, que notre peuple est toujours un grand peuple marchant à la tête de la civilisation (*).

(*) M. Letellier, malgré ma prière prudente, présenta cette note au ministre, qui fut finalement intéressé ; mais elle redescendit dans mon bureau par une voie hiérarchique foudroyante et menaçante — infiniment.

américain. En effet, tout à coup, en décembre 1907, ce dernier, mis en éveil par les expériences françaises, mit en adjudication une machine volante ! Il fallait présenter un aéroplane pouvant faire 40 milles à l'heure avec deux personnes pendant une heure, moyennant quoi le gouvernement américain accepterait le délai demandé par le constructeur et le prix qu'il indiquerait. Toutefois, pour montrer sa bonne foi, ce dernier verserait 10 °/₀ d'avance ! MM. Wright ayant déposé 12 500 fr, cela mettait l'aéroplane à 125 000 fr. Comme je l'avais prévu, le prix de l'aéroplane baissait. De plus MM. Wright devaient évidemment partager le bénéfice avec l'associé qui les avaient mis en valeur. Ils auraient donc mieux fait d'accepter les 600 000 francs, vierges de toute commission, offerts par le gouvernement français en avril 1906.

Finalement M. Berg a trouvé en juillet 1907 un comité français formé par M. Lazare Weiller qui a repris le contrat dit des 50 km, mais qui ne paiera plus que 500 000 fr une fois la performance faite et avec deux personnes à bord [1].

Toute cette histoire méritait d'être contée. Elle renseignera ceux qui s'intéressent à l'histoire des inventions et elle servira de leçon aux personnes qui croient trop facilement qu'il suffit d'avoir fait une découverte de génie pour que le public s'en aperçoive.

Santos=Dumont

A la fin de 1905, Santos-Dumont, qui jusqu'alors avait été uniquement le hardi aéronaute que l'on sait et qui, dans son livre *Dans l'air,* traitait les aviateurs avec quelque ironie, fut tout à coup averti par les polémiques

---

[1] Cela faisait plus que doubler la difficulté.

échangées autour des Wright que le temps du plus lourd que l'air était venu.

Sa première idée fut de se ranger au parti de la majorité de ceux qui pensaient aux machines volantes. Il conçut un projet d'hélicoptère mû par un moteur de 24 chevaux Antoinette. Il se heurta tout de suite à la difficulté de la transmission de la force aux hélices, qui dans un hélicoptère doivent être grandes et tourner très lentement, alors que le moteur tourne très vite. Plusieurs personnes tentèrent de lui faire abandonner cette solution, entre autres M. Archdeacon, qui publia dans l'*Auto* du 8 janvier 1906 un article remarquable, et M. Levavasseur, qui enleva les doutes du célèbre Brésilien, en faisant fonctionner devant lui un modèle d'aéroplane réduit.

Avec sa rapidité coutumière, Santos-Dumont changea ses batteries et, au commencement de juillet 1906, il présenta aux membres de l'Aéro-Club un aéroplane formé, comme celui des Wright, d'une cellule Hargrave et muni du gouvernail de profondeur à l'avant ([1]). Ce gouvernail était parallélipipédique, de manière à jouer également au moyen de ses faces latérales le rôle de gouvernail de direction. Comme autre différence, les ailes formaient un V très accusé, et la courbure des surfaces était cylindrique, suivant la forme préconisée par Levavasseur. Le moteur était de 24 chevaux et l'ensemble était monté sur quatre roues.

Le 23 juillet 1906, l'aéroplane était essayé à Bagatelle; mais Santos n'était pas encore un aviateur convaincu. Il n'avait pas une grande confiance dans le support que donne l'air, aussi a-t-il commencé par faire porter l'aéroplane par son ballon n° 14 (c'est pour cela que l'aéroplane s'est appelé 14 *bis*) [fig. 69].

([1]) Il m'avait demandé conseil à ce sujet et je lui avais expliqué pourquoi le gouvernail avant de Wright faisait merveille : c'est parce qu'on le voyait. Il a cependant l'inconvénient d'être dangereux parce qu'il est très brutal.

On s'aperçoit ce jour-là que le ballon ne fait que gêner en empêchant de prendre de la vitesse, et il ne reparaît plus.

Santos-Dumont installe ensuite un câble incliné auquel il se suspend et le long duquel il se laisse descendre pour s'habituer à la manœuvre. Il fait faire aussi un plan incliné en bois, mais il ne peut s'en servir parce qu'il est trop étroit.

Enfin il se décide à essayer sans accessoires. Le résul-

Cliché de l'Illustration du 28 juillet 1906.

Fig. 69. — La première expérience d'aéroplane de Santos-Dumont.

tat est immédiat. Dans le mois de septembre, à Bagatelle, il roule dans tous les sens, puis un jour il fait un petit bond dans l'air qui donnait confiance. Il allège encore l'appareil, porte la force du moteur à 50 chevaux et, se sentant maître de l'équilibre longitudinal dès les premiers pas, il ne conserve que les deux roues avant de son châssis.

Le 23 octobre, devant la commission d'aviation, à 4ʰ 45

du soir, l'aéroplane quitte le sol doucement et sans choc. La foule stupéfaite a l'impression d'un miracle ; muette d'admiration d'abord, elle pousse un hurlement d'enthousiasme au moment de l'atterrissage, et porte l'aviateur en triomphe (fig. 70).

La trajectoire avait été tout le temps légèrement ascendante en pente uniforme de 5 °/₀ environ, le trajet a dû être voisin de 60 à 70 m ; mais les contrôleurs stupéfaits ayant oublié de contrôler, la commission n'homologua que le minimum prévu par le règlement pour gagner la coupe Archdeacon, et ce fut 25 m.

L'équilibre longitudinal était parfait, l'équilibre latéral paraissait très satisfaisant ; il y eut une oscillation lente, l'engin penchant d'abord à droite, puis à gauche davantage. L'aviateur, craignant que ce tangage ne s'accentuât, voulant s'arrêter, a coupé l'allumage en hauteur, au lieu de gouverner vers la terre en laissant marcher le moteur, de sorte que l'atterrissage fut assez rude. Les roues cassèrent ainsi que le gouvernail avant.

Après cet essai, deux volets furent ajoutés à gauche et à droite pour contrôler la stabilité latérale ; mais les commandes en furent assez compliquées et, à partir de ce jour, le tangage fut plutôt augmenté.

Le record fut porté à 220 m un mois après et la nouvelle s'en répandit dans le monde entier avec la rapidité de l'éclair. Une ère nouvelle commençait à partir de cette date parce que le charme était rompu !

Il était prouvé que les machines volantes pouvaient voler.

Après ce record, une série de décisions vinrent compromettre le succès définitif. L'aviateur voulut passer tout de suite aux vitesses supérieures et il diminua trop les surfaces. Il s'établit à Saint-Cyr en y construisant un hangar ; mais c'était trop loin des ressources de Paris. Il y eut un accident un jour où le vent soufflait trop fort et que la commission impatientée le força à partir. Puis

Fig. 70. — La première envolée de Santos-Dumont.

M. Santos-Dumont changea d'avis, abandonnant l'aviation momentanément pour essayer de réaliser les 100 km
à l'heure sur l'eau avec un hydroplane.

Tout cela fit perdre un temps précieux et quand, le
17 novembre, le sympathique sportsman voulut avec son
aéroplane n° 19, beaucoup plus rationnel, rattraper Farman qui progressait chaque jour, il n'eut pas le temps
d'achever la mise au point de cet intéressant appareil
avant le gain du prix Deutsch-Archdeacon (fig. 71).

La grande raison du succès de Santos-Dumont venait
de ce qu'il possédait les quatre qualités qui étaient
nécessaires pour mettre l'invention sur pied. Il fallait être
à la fois l'ingénieur, le commanditaire, l'ouvrier et le
conducteur de l'aéroplane, Santos-Dumont était tout
cela, et c'est pourquoi il réussit. Quiconque au contraire
manquait d'une quelconque de ces quatre qualités était
forcément handicapé([1]).

Comme raison accessoire il mit carrément son hélice
en prise directe, au lieu de chercher comme nous autres
à en mettre deux tournant en sens inverse et démultipliées. De ce fait il perdait comme rendement, mais il
gagnait du temps dans la construction, car les transmis-
sions compliquées sont toujours délicates. Toute l'année
1906 a été employée par M. Blériot et moi-même à
démultiplier les hélices sans succès. Nous n'avions pas
songé au moyen si rudimentaire et si génial de Wright de
faire passer les chaînes de transmission dans des tubes, ce
qui lui a permis de faire un vol en 1903 immédiatement
après avoir installé le moteur et les hélices !

_____

(1) Les Wright possédaient plus que n'importe qui les qualités d'ouvrier
et d'ingénieur. Ils ont pu faire le moteur eux-mêmes et c'est la cause de
leur réussite trois ans avant les autres.

Fig. 71. — L'aéroplane Santos-Dumont n° 19 le 17 novembre 1907.

Archdeacon et Voisin

M. Archdeacon a joué en France un rôle tout à fait désintéressé et des plus utiles. Il a encouragé successivement les diverses locomotions : vélocipèdes, ballons, canots, automobiles, etc. parce que les questions de transports à grande vitesse lui ont paru toujours une nécessité impérieuse d'une plus grande civilisation. A partir de la visite de M. Chanute en France en 1903, il comprit que la voie de l'aviation était ouverte et il commença une campagne de presse pour le faire comprendre aux masses ([1]). A titre d'exemple il fit construire par M. Dargent, le modeleur de Chalais-Meudon, un aéroplane du type de Wright.

C'est là que nous rencontrons M. Gabriel Voisin pour la première fois et c'est une histoire qui tient un peu du roman.

A la fin de janvier 1904 je faisais au palais de la Bourse à Lyon, sous les auspices de l'Aéro-Club du Rhône, une conférence sur l'aviation.

La conférence n'était pas achevée que je vis bondir sur l'estrade un jeune homme à l'œil vif et intelligent qui me dit : « Mon capitaine, j'ai compris votre enseignement et je veux me consacrer à l'aviation ! »

Le lendemain il partait pour Paris, allait trouver le colonel Renard qui le recommande à M. Archdeacon. Ce dernier le reçoit assez froidement, car il a déjà son personnel.

Voisin descend l'escalier et à la porte trouve un automobile — en panne. Le remettre en action fut l'affaire de quelques instants et M. Archdeacon ayant constaté ce

---

([1]) Son article « Oui, nous volerons », dans le *Vélo* du 14 avril 1898 est une véritable prophétie.

talent pensa qu'il pouvait embaucher en surnombre un
jeune homme aussi débrouillard.

Tous deux furent à Berck-sur-Mer avec l'aéroplane, et
là, du haut d'une dune abrupte on jeta dans le vide Voisin
montant l'aéroplane, sans autre résultat que de multiples
contusions.

Comme j'étais responsable, car j'avais le premier publié
les expériences Wright et les miennes, je fus appelé par
dépêche de Nice et je traversai toute la France pour venir

Cliché de M. Van Blitz.

Fig. 72. — Aéroplane Archdeacon expérimenté le 10 avril 1904 par M. Voisin.
Durée du séjour en l'air, 5 secondes 1/4.

expliquer aux nouveaux aviateurs la manière de se placer
dans l'aéroplane, de tenir le gouvernail et de partir. On
ne peut pas en effet partir d'un escarpement, car le vent
déferle comme une vague contre une digue et vous cha-
vire. Il faut partir sur un glacis en pente douce permettant au vent d'épouser la forme du terrain et de devenir
ascendant sans tourbillonner.

A la suite de ces explications pratiques plusieurs vols

furent faits par Voisin et moi qui démontraient parfaitement la possibilité du glissement sur les couches d'air à la façon de Wright (fig. 72, 73 et 74).

L'engin était délicat à manier, il était d'une grande sensibilité. Il fallait agir souvent au gouvernail et même se déplacer dans l'intérieur de l'appareil pour conserver l'équilibre.

Rentré à Paris, qui n'offre aucun terrain en pente commode, M. Archdeacon, pour continuer ses expériences, imagina de faire des départs à la Pilcher en cerf-volant sur le champ de manœuvre d'Issy-les-Moulineaux. Ce champ qui devait devenir célèbre dans les fastes de l'aviation est le seul à Paris qui soit commode. Il est vaste, suffisamment roulant et près des ressources des usines.

Les départs en cerf-volant sont toujours très dangereux, cela tient beaucoup à ce qu'on n'a pas soin d'opérer la traction de la corde dans le sens où le vent veut porter l'aéroplane ([1]). Il y a aussi les questions de formes (Voir page 46) d'aéroplane qui ne sont pas très favorables à la stabilité du cerf-volant.

Dans l'expérience du 26 mars 1905 on avait heureusement remplacé l'aviateur par un sac de sable, de sorte qu'il n'y eut pas d'accident de personnes, mais l'aéroplane fut détruit entièrement (fig. 75).

Pour diminuer ce danger M. Archdeacon voulut expérimenter au-dessus de l'eau (fig. 76) et il transporta ses appareils aux ateliers Surcouf, à Billancourt près de la Seine. Le 8 juin, remorqué par le canot *Antoinette*, l'aéroplane monté sur des flotteurs et conduit par M. Voisin fit un magnifique parcours de 150 m à 17 m de hauteur environ, d'une façon très stable. Il faut dire que le jeune constructeur avait ajouté à la cellule d'avant, munie

---

([1]) Pour opérer le mieux possible le conducteur du tracteur automobile devrait regarder dans une glace, le diriger dans la direction de la remorque et diminuer sa vitesse lorsque l'aéroplane tend à piquer du nez.

Fig. 73. — Autre vol exécuté par M. Voisin.

Cliché de M. Van Hitte.

Fig. 74. — Vol à Berck-sur-Mer le 10 avril 1904, le capitaine Ferber étant à bord.

Cliché Branger.

Fig. 75. — L'appareil Archdeacon prêt à être entraîné en cerf-volant par un automobile, au champ de manœuvre d'Issy.

Fig. 76. — L'aéroplane Archdeacon paré pour être remorqué en Seine comme cerf volant le 8 juin 1905.

de plans verticaux, une seconde cellule arrière de même forme formant queue et reproduisant l'aspect général des cerfs-volants Hargrave qui sont si stables.

A partir de ce moment Voisin n'a plus varié, il a perfectionné continuellement le même type, qui n'a conservé de son origine américaine que le gouvernail de profondeur à l'avant.

Ainsi placé, le gouvernail a pour un débutant l'immense avantage d'être un moyen de contrôle permettant pour ainsi dire de voir l'air, car suivant que l'air le prend par-dessus ou par-dessous l'aviateur se rend compte s'il navigue convenablement au plus près du vent relatif.

Il y a cependant un danger qui fait que la place naturelle des gouvernails est à l'arrière ; il peut se produire lorsque par inattention l'aviateur a laissé trop « prendre » d'air au gouvernail avant. La pression peut devenir telle que l'aéroplane se retourne complètement.

Le 18 juillet, les essais recommencèrent, mais furent moins probants comme stabilité. Dans l'ensemble on en tira une conclusion importante. Le câble de remorque portait un dynamomètre et l'on trouva qu'une traction égale au quart du poids de l'appareil suffisait à le faire voler. Il n'y avait donc qu'à trouver un moteur et des hélices capables de donner cette traction, ce qui ne paraissait pas impossible, et dès ce moment les ingénieurs auraient dû s'attendre au succès prochain.

Le même jour un aéroplane à peu près semblable, construit dans les ateliers Surcouf par Voisin pour M. Blériot, fut remorqué également par le même canot automobile. Pris par un vent de travers il se renversa en disparaissant dans la Seine. On a pu voir ce jour-là que les expériences sur l'eau, quoi qu'on en ait dit, étaient fort dangereuses ; car Voisin, pris sous les toiles, ne put se dégager qu'au bout de vingt secondes qui parurent aux spectateurs prodigieusement longues.

Il existe de ces belles expériences une bande cinématographique de Gaumont qui restera un document des plus importants pour l'histoire de la découverte.

M. Archdeacon comptait refaire ces mêmes expériences sur le lac de Genève, à Évian, où l'espace non limité permettait aux canots de marcher exactement contre le vent, ce qui était impossible en Seine. Malgré un dispendieux déplacement, les canots de grande puissance ayant fait défaut, on n'enregistra rien de plus, sauf une expérience, rapportée par M. Voisin, d'aéroplane à l'ancre. Elle est peu connue. L'appareil reposant sur l'eau et maintenu par une ancre mouillée était exposé à un grand vent. Plusieurs fois l'aviateur en manœuvrant le gouvernail quitta la surface de l'eau, montant et s'abaissant à volonté.

Vers la fin de 1905, M. Voisin, devenu ambitieux d'une situation meilleure, se sépara de M. Archdeacon qui, privé de son collaborateur, fut obligé de cesser ses expériences pratiques. Il se livra alors tout entier à son rôle de Mécène propagateur, recevant les inventeurs, présidant la commission d'aviation de l'Aéro-Club, parlant à tous, profitant de toutes les réunions pour répandre la bonne parole et enfoncer comme un coin dans l'esprit de la foule rebelle l'idée de l'aviation. C'est à lui qu'on doit certainement la préparation de l'esprit français à la compréhension de l'aéroplane qui a suscité tant de chercheurs, tant d'expérimentateurs et nous permet de prédire qu'on se servira pratiquement de l'engin nouveau d'abord dans notre pays ([1]).

([1]) Au moyen d'une motocyclette à hélice marchant à 90 km à l'heure, il démontra encore en 1906 que l'hélice aérienne pouvait avoir un excellent rendement.

Voisin et Blériot

Nous avons laissé M. Voisin, au service de M. Arch-deacon, impatient d'augmenter sa situation et d'être plus libre de ses actions. Il en trouva l'occasion quand M. Arch-deacon eut donné l'ordre de transporter son appareil dans les ateliers Surcouf. M. Surcouf lui fit des ouvertures en lui assurant une part sur les bénéfices et c'est ainsi que Voisin construisit comme associé de Surcouf, dans le courant de 1905, quoique toujours appointé par M. Arch-deacon, un aéroplane-ballon pour M. Bertelli et un aéro-plane pour M. Blériot. Les bénéfices ayant été nuls ou à peu près, M. Voisin se désolait, quand M. Blériot lui pro-posa de s'associer à lui pour monter la première usine d'appareils d'aviation. Voisin, muni des fonds nécessaires (6 000 fr environ), alla proposer à M. Surcouf de lui acheter ses ateliers récemment organisés pour l'aviation. Ce dernier, un peu étonné d'abord de retirer quelque chose d'une branche aéronautique dans laquelle il n'en-trevoyait que des dépenses, consentit, et au commence-ment de 1906 nous voyons se signaler les ateliers Voisin (anciens établissements d'aviation Surcouf) puis bientôt ateliers Blériot-Voisin.

Voisin s'était très intelligemment rendu compte que le bruit que nous avions fait autour de la possibilité de l'aviation avait réveillé les inventeurs. Il devina que ceux possédant quelque argent feraient construire non pas les appareils que nous avions signalés comme devant mar-cher presque immédiatement, mais les appareils de leur conception particulière.

Ce calcul se trouva absolument juste, et MM. Blériot-Voisin enregistrèrent des commandes suffisantes pour faire vivre leur atelier dont la création avait fait sou-rire des sceptiques peu clairvoyants. Grâce au peu de frais généraux ([1]), G. Voisin se contentant de vivre une vie d'anachorète, travaillant comme ouvrier, dessinateur, comptable, etc. quelquefois dix-sept heures sur vingt-quatre, ces commandes suffisaient pour permettre d'augmenter l'outillage.

Il embaucha comme chef d'atelier le sapeur Peyret qui avait travaillé à Chalais sous mes ordres et qui, très intelligent, très travailleur, était particulièrement entiché de la solution de l'Américain Langley.

Dès qu'il eut cet atelier à sa disposition, M. Blériot, conquis à l'aviation depuis 1900 où il avait construit d'abord comme beaucoup de débutants un ornithoptère, mit en commande un aéroplane du type Wright modifié.

L'accident survenu en Seine avec l'appareil construit par les ateliers Surcouf lui ayant fait concevoir des doutes sur la stabilité latérale, il imagina de faire la cellule elliptique.

L'influence de Voisin qui avait compris l'importance des queues l'obligea à la faire suivre d'une seconde cellule. Un moteur Antoinette de 24 chevaux devait faire tourner deux hélices avant démultipliées et conduites par des flexibles (fig. 77).

Hanté par les idées de départ sur l'eau préconisées par M. Archdeacon, les inventeurs garèrent l'aéroplane au bord du lac d'Enghien et ils perdirent un an.

Les flexibles furent abandonnés parce qu'ils produisaient des vibrations énormes. On passa aux engrenages. Faits de plus en plus gros, ils furent tous mâchés en peu d'instants. On fut obligé de renoncer à la démultiplication et au grand diamètre d'hélices ([2]). Et les deux

---

([1]) Les frais généraux peuvent, surtout dans les industries débutantes obligées à des études et à une grande publicité, doubler et même quadrupler le prix de l'heure des ouvriers, ce qui donne un prix de revient prohibitif.

([2]) Dont le rendement est excellent. Le plus grand mérite des Wright a été, grâce au « truc » des chaînes passant dans des tubes, de faire tourner du premier coup, dès 1903, de grandes hélices démultipliées, ce que nous n'avions pu faire ici.

Cliché Rol.

Fig. 77. — L'aéroplane nº 3 construit par Voisin et expérimenté en 1906 sur le lac d'Enghien.

hélices furent mises en prise directe sur deux moteurs Antoinette de 24 chevaux.

Naturellement jamais les deux moteurs ne voulurent tourner synchroniquement et la poussée ne fut jamais suffisante pour décoller l'aéroplane de l'eau, car il est beaucoup plus difficile d'acquérir de la vitesse sur l'eau que sur terre. Il faudrait que l'aéroplane fût d'abord hydroplane. C'est ce qu'avait très bien compris M. Archdeacon qui dépensa avec M. Bonnemaison, l'inventeur des « Ricochets », une somme considérable, espérant que ce dernier lui ferait un aéroplane. Mais M. Bonnemaison, très peu aviateur, préféra employer cet argent au perfectionnement du bateau, et l'affaire en resta là.

Toute l'année 1906 fut perdue par ces essais et à la fin il se produisit quelques difficultés entre les deux associés, M. Voisin regrettant de ne pouvoir donner tout son temps à sa clientèle et M. Blériot ne pouvant faire adopter toutes ses vues d'une façon complète.

Il en résulta une séparation après laquelle la maison s'appela Voisin frères (anciens établissements Surcouf), M. Blériot s'interdisant pendant trois ans de vendre des appareils et recevant par contre 5 °/₀ sur les prix de vente.

Blériot

Dès qu'il fut seul après avoir emmené M. Peyret comme chef d'atelier, M. Blériot commença une installation modèle près de la porte Maillot. Il fit son quatrième aéroplane absolument différent des précédents, monoplan, léger et gracieux de forme, muni de 24 chevaux Antoinette (fig. 78). Un peu suggestionné par le récent succès de Santos-Dumont il mit ses gouvernails très loin en avant, à l'extrémité d'un long bec, sans les contre-balancer par une queue. Le maniement de ces gouvernails était donc absolument délicat, car il fallait les effacer continuelle-

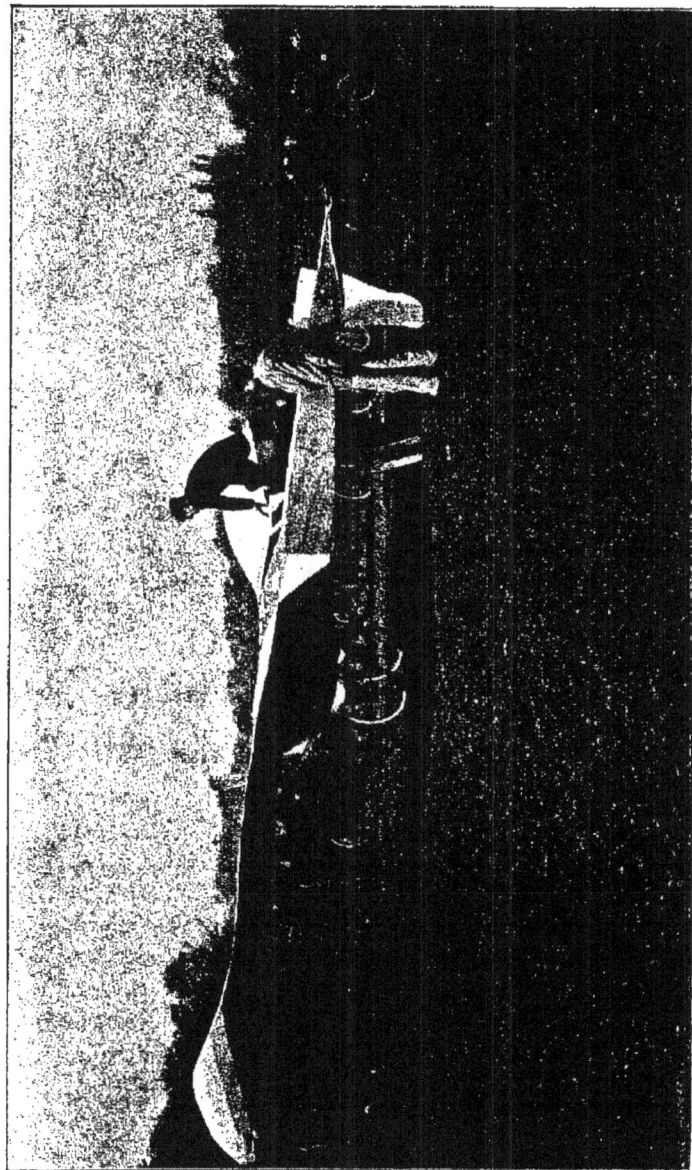

Fig. 78. — L'aéroplane Blériot n° 4 dit le *Canard*. — Le 21 mars 1906, pour la première fois, M. Blériot prend place dans un de ses appareils. (L'avant de l'aéroplane se trouve face au lecteur.)

ment afin qu'ils ne donnassent pas prise au vent. C'est
ce qui arriva le 19 avril 1907 où le gouvernail de profondeur ayant pris trop d'air, tout l'ensemble se renversa,
enfouissant l'aviateur sous l'aéroplane retourné. Toutefois
cette campagne ne fut pas sans profit. D'abord pour la
première fois M. Blériot avait tenu à prendre place dans
l'appareil. Jusque-là il avait fait monter des salariés qui
généralement n'ont pas un grand intérêt à pousser les
choses à fond. L'effet fut immédiat : d'abord M. Blériot
s'aguerrit peu à peu jusqu'à devenir le plus intrépide des
aviateurs, ensuite on put remarquer, car l'appareil ne
s'enleva qu'à partir de ce moment, qu'il valait mieux
augmenter le diamètre quitte à diminuer la fraction de
pas pour diminuer le recul de l'hélice, et enfin qu'il fallait
autant que possible laisser le moteur tourner à sa vitesse
de pleine puissance, quitte à diminuer le pas, — car l'aéroplane ne s'enleva qu'après ces diverses modifications.

Au lieu de perfectionner ce type d'appareil qui aurait
fini par donner de bons résultats, M. Blériot l'abandonna
et, cédant aux sollicitations de Peyret, construisit un
aéroplane du type Langley toujours avec le même moteur.
Ce fut le n° 5 (fig. 79).

Au bout de très peu de temps l'enlèvement se produisit ; mais les moyens de conduite, heureux par certains
côtés, étaient défectueux par d'autres. Ils consistaient
en deux ailerons latéraux dans le plan des ailes avant.
Quand l'un était abaissé et l'autre relevé, l'aéroplane
virait. Quand tous les deux étaient abaissés ou relevés
l'aéroplane devait descendre ou monter. Malheureusement, pour ce dernier mouvement ils étaient trop près du
centre de gravité et n'avaient pas un bras de levier suffisant ([1]). L'aviateur y renonça et fut obligé de reprendre

---

([1]) Il faut noter une disposition très heureuse pour les commandes, toutes
enclanchées, au moyen de dispositifs à la Cardan brevetés, sur un seul guidon
qu'il suffit d'incliner dans un sens déterminé pour faire agir en profondeur,
en direction ou en partie l'un ou l'autre.

Cliché Rol.

Fig. 79. — Aéroplane Blériot n° 5 type Langley. Moteur de 24 chevaux.

le procédé barbare de Lilienthal, c'est-à-dire de s'avancer
ou de se reculer dans l'appareil en aménageant un siège
à roulettes.

De très beaux vols de 100 à 150 m furent faits avec
cet aéroplane, et de l'avis de tous les spectateurs M. Blériot tenait un grand succès, lorsque au lieu de donner à
ses gouvernails de profondeur plus de puissance, il crut
qu'il manquait de force et il plaça à bord un moteur de
60 chevaux à 16 cylindres Antoinette (fig. 80).

L'appareil fut alourdi légèrement, mais il y eut excès
de force sans que l'aviateur ait plus que par le passé la
faculté de modérer l'effet de cabrade qui devait en résulter (Voir fig. 5). C'est ce qui arriva le 17 septembre
où l'aéroplane monta jusqu'à une hauteur de quatrième
étage pour redescendre assez brusquement. M. Blériot
eut la présence d'esprit de se porter en avant pendant la
montée pour diminuer l'incidence et en arrière pendant
la descente pour l'augmenter. Il n'eut que des contusions
sans gravité et l'Aéro-Club lui décerna une médaille spéciale pour les 184 m parcourus.

Vers le mois de décembre 1907, M. Blériot écouta les
conseils de M. Tatin sur l'influence des queues et l'on vit
peu à peu les ailes d'arrière du Langley annuler leur angle
d'attaque, diminuer leur envergure, porter le gouvernail,
devenir en somme un véritable empennage. Tout cela fut
fait méthodiquement, essai après essai. L'appareil était
plus grand et portait un moteur de 50 chevaux. La question des hélices arrêta quelque temps l'inventeur. Pour
effiler l'avant des appareils il est nécessaire de conduire
les hélices au moyen d'un arbre auxiliaire en prise directe
sur le moteur qui forme une tige élastique entre deux
masses. Il peut en résulter des vibrations dont l'amplitude
va en croissant, de sorte que quelque chose, l'hélice ou
l'arbre, casse.

Après avoir cassé une magnifique collection d'hélices
comme d'ailleurs tous les constructeurs d'aéroplane,

Cliché Rol

Fig. 80. — Aéroplane Blériot n° 5 en plein vol.

M. Blériot eut l'idée de faire les pales flexibles dans le plan perpendiculaire à l'arbre, et à partir de ce jour il n'eut plus de désagréments.

Le 17 juin 1908 il ajouta des ailerons au bout des ailes et il se trouva ainsi en possession des trois gouvernails indispensables quand on navigue dans un espace à trois

Cliché Rol.

Fig. 81. — A partir du n° 8 les aéroplanes monoplans Blériot volent dans la perfection.

dimensions, savoir : le gouvernail de direction qui seul existe quand on se meut sur une surface (voitures, canots, etc.), le gouvernail de profondeur pour monter ou descendre, et le gouvernail de stabilité latérale pour donner de la bande ou la diminuer.

L'effet fut immédiat et M. Blériot fit du 17 au 30 juin
des vols impressionnants, par des vents de 5 à 10 m, avec
une vitesse propre de 18 à 20 m. Il gagna le prix dit
des 200 m le 29 juin. L'effet maximum fut atteint le
6 juillet où, engagé dans le prix Armengaud destiné à
l'aviateur tenant l'atmosphère pendant un quart d'heure,
il resta 8′ 23″ en l'air, exécutant des virages magnifiques
par un vent de 5 à 6 m (fig. 81).

Après cet exploit M. Blériot changeant encore de principe diminua de plus en plus les empennages d'arrière,
supprimant l'équilibre automatique, afin d'avoir comme
Wright un appareil à contrôler continuellement. Cette
modification ne fut pas heureuse et fut suivie de nombreux
accidents. Au moment de mettre sous presse nous appre-
nons que M. Blériot, changeant encore de type, met en
chantier un aéroplane genre Wright.

Voisin frères

Appareils dits de Delagrange et de Farman

Nous avons laissé G. Voisin devenu seul chef de maison, libre de réaliser ses conceptions. Il fit venir de Lyon
pour l'aider son frère Ch. Voisin et s'adjoignit un dessinateur, M. Colliex. Au début trois établis et une scie à
ruban composaient tout l'outillage ; mais s'il n'y avait
pas dans l'usine naissante de capitaux, il y avait deux
idées géniales, qui allaient en tenir lieu.

D'abord, G. Voisin avait deviné qu'il existait toute une
clientèle d'inventeurs excités par la publicité qui se faisait
autour de l'idée (1). A vrai dire cette clientèle ne voulait

(1) Nous avions vendu nous-même très facilement un aéroplane déjà en
1903 et un second l'année suivante. C'est une preuve qu'à cette époque
reculée il existait déjà des acheteurs.

rien écouter, rien imiter de ce qui marchait ailleurs. Elle était en majeure partie pour les hélicoptères, les ornithoptères et autres engins trop difficiles ou trop compliqués pour réussir immédiatement. C'est cette clientèle que Voisin voulait satisfaire d'abord et c'est elle qui en le faisant travailler a remplacé les capitaux absents.

En second lieu, il fallait absolument, pour établir la renommée de la marque, obtenir une commande de l'appareil dont les précédentes expériences à Berck, sur la Seine et sur le lac de Genève avaient démontré l'excellence. Ce n'était pas commode (¹) et pour y arriver G. Voisin imagina de disparaître comme inventeur et de baptiser l'aéroplane du nom du client. Cette seconde idée géniale fit réussir une aventure qualifiée de chimérique par les gens sages.

Le premier qui eut confiance fut M. Delagrange, qui s'étant procuré un moteur Antoinette commanda aux frères Voisin un aéroplane Delagrange. Cet aéroplane fut semblable à celui d'Archdeacon essayé en 1905 sur la Seine ; des roues avaient remplacé les flotteurs, une hélice remplaçait la remorque du canot automobile.

Essayé le 28 février 1907 à Vincennes par Ch. Voisin, on sentait que l'aéroplane s'enlèverait ; mais trop faiblement construit, la liaison entre les deux cellules se rompit. Renforcé, les expériences furent reprises à Bagatelle le 16 mars : l'aéroplane se souleva, mais en retombant à gauche (fig. 82). Ce phénomène s'étant reproduit d'une façon permanente, on l'attribua au couple moteur. Une surcharge de 2 kilos sur l'aile droite, renouvelant le procédé utilisé déjà en 1872 par Pénaud, ayant remédié à ce trouble, l'aéroplane Delagrange n° 1 fit dans l'aprèsmidi du 30 mars un vol magnifiquement stable de 60 m (fig. 83).

----

(1) Bien souvent M. Voisin nous a dit : « Je n'ose pas insister, si la clientèle s'aperçoit que je veux l'aiguiller sur mon type, elle se raréfie. »

Cliché Rol

Fig. 82. — L'aéroplane Delagrange le 16 mars 1907 monté par Charles Voisin. — Effet du couple de renversement de l'hélice.

Nul doute que si à partir de ce moment M. Delagrange avait résolument pris la barre, qu'il devait prendre magistralement seulement un an après, il serait arrivé le premier au but ([1]); mais, vers le mois de juin, se présentait un client nouveau.

M. Farman, habitué dès son enfance à tous les sports, coureur réputé de bicyclette, tandémiste remarquable, conducteur d'automobile à l'époque héroïque des courses, joignait à la connaissance des moteurs une audace froide et réfléchie, une ténacité et une patience méthodiques qu'il devait à son origine saxonne.

Il commença par obéir au principe fondamental qui veut qu'avant d'avoir un aéroplane on se préoccupe d'abord de son logement. Il fut le premier à établir à côté du terrain d'expérience, à Issy, le hangar indispensable.

Pendant tout le mois de septembre il se familiarise avec le moteur et il roule sur le champ de manœuvre. Enfin le 30 septembre, après quelques modifications à l'inclinaison de la cellule de queue, il s'envole pour la première fois et parcourt 80 m.

L'aéroplane ne différait de celui de Delagrange que par les roues que Voisin avait rendues orientables. C'était un grand progrès, car il permettait de toucher le sol sans fausser les roues, lorsque, le vent se mettant à souffler, l'aviateur novice ne savait pas encore assez bien gouverner pour diriger, avant d'atterrir, l'aéroplane dans le sens du mouvement de la terre.

Le châssis-support des roues s'est montré parfait et solide tout particulièrement. Farman a fait plus de cent atterrissages avant de fausser le moindre rayon de roue, et cela seul lui a donné sur ses concurrents, obligés après chaque essai à des réparations, une avance formidable en lui permettant de devenir chaque jour plus habile.

([1]) Pendant trois mois M. Delagrange s'associa avec M. Archdeacon, qui exigea des expériences sur l'eau à Enghien. Ce fut encore du temps perdu.

Cliché Rol.

Fig. 83. — L'aéroplane Delagrange monté par Charles Voisin parcourt, le 30 mars 1907, 60 mètres d'une façon merveilleusement stable à Bagatelle.

Une nouvelle modification très heureuse vint augmenter ses chances. Voisin inventa un volant de direction qui mettait toutes les commandes sous la main de l'aviateur de la façon la plus pratique. En tournant le volant à gauche et à droite on obtenait le virage comme dans une voiture et en le poussant ou en le tirant on agissait sur le gouvernail de profondeur.

Enfin Voisin avait remarqué que le mouvement du gouvernail vertical de direction à gauche et à droite faisait pencher l'aéroplane du côté voulu. Inversement, si l'aéroplane penchait, on pouvait rétablir l'équilibre par un mouvement du gouvernail de direction.

Il espérait ainsi se débarrasser de la complication du gauchissement imaginé par Wright.

Cependant les expériences continuaient et ne semblaient pas progresser. Au bout de 100 à 150 m l'aéroplane retombait. Telle était encore l'incompréhension du public et tel le nombre de ceux qui niaient l'aéroplane que partout, dans presque tous les journaux et revues, on s'écriait à l'envi : « L'aéroplane s'élève avec sa vitesse acquise et retombe, donc il ne vole pas, il fait un bond ; il ne volera jamais. »

Mais ce défaut tenait uniquement à l'aviateur qui ne savait pas qu'il laissait insensiblement augmenter l'angle d'attaque de l'aéroplane en braquant trop vers le ciel le gouvernail de profondeur avant (fig. 84). Alors la vitesse diminuait peu à peu et l'appareil retombait.

Un jour qu'il faisait grand vent, le 15 octobre 1907, Voisin pouvait suivre à pied Farman qui volait contre le vent et dont par conséquent la vitesse par rapport au sol était faible. Il voit le défaut et crie à l'aviateur de braquer le gouvernail vers le sol ([1]). Il fut obéi et le 26 octobre Farman établissait le record de 771 m (fig. 85).

([1]) Depuis le 24 octobre on a avancé le moteur dans l'appareil, c'est-à-dire qu'on a chargé davantage l'avant. Il en résulte que le gouvernail n'a

On ne pouvait plus nier le vol ; mais la foule incrédule eut un nouveau cri, tellement l'aéroplane paraissait une chose incroyable : « Jamais il ne pourra tourner, ces machines ne peuvent pas virer ([1]) ! »

De fait, pendant les mois de novembre et décembre l'événement parut lui donner raison. Il n'y avait aucun progrès. Cela venait surtout des aménagements chaque

Cliché de l'Aérophile.

Fig. 84. — Début d'octobre 1907. — Farman tenant mal son gouvernail de profondeur prend sans s'en rendre compte trop d'angle d'attaque.

Au bout de quelque temps l'aéroplane perd sa vitesse et retombe.

jour différents que Farman essayait pour l'installation à bord de la partie motrice. Tantôt il mettait un nouveau

plus besoin d'être braqué vers la terre, cette position étant mauvaise à cause de la résistance qu'elle provoquait.

([1]) C'est précisément le contraire : les aéroplanes, si on les laisse faire, commencent toujours par tourner.

carburateur, une magnéto, un nouveau radiateur, cherchant par tous les moyens à augmenter la puissance ([1]).

Enfin il parvint à une installation suffisante pour quelques minutes en laissant simplement évaporer l'eau du réservoir sans aucun radiateur. C'est ainsi qu'il emportait le moins de poids mort. De son côté Voisin supprima le plus de résistances passives possible en diminuant de moitié la cellule arrière. Il augmenta le diamètre de l'hélice, quitte à diminuer le nombre de tours du moteur et par conséquent à ne pas profiter de toute sa puissance. Le calcul prouve en effet que le grand diamètre des hélices en diminuant le recul augmente beaucoup le rendement de celles-ci.

Toutes ces mesures prises, Farman commença à essayer les virages. Il s'aperçut bientôt qu'il fallait absolument laisser pencher l'aéroplane pour pouvoir virer. Dès qu'il eut compris qu'il n'y avait dans ce mouvement pas plus de danger que sur une piste de vélodrome, il s'y adonna avec ardeur. Le 11 janvier, il fit devant ses aides une boucle de 1 km, et le 13 janvier, convoquant la commission d'aviation, il gagnait le grand prix de 50 000 fr Deutsch-Archdeacon pour un vol de 1 km en boucle fermée (fig. 86 et 87).

De ce jour date la conquête définitive de l'air. Il n'était pas inutile d'insister sur la progression des étapes successives, afin de montrer les difficultés de la mise au point d'une invention, qui tiennent à une infinité de petites causes morales et matérielles vaincues successivement.

On voit par là combien se trompaient ceux qui croyaient que l'aviation pouvait être faite par une invention merveilleuse, mystérieuse et défendable par des brevets valant leur pesant d'or. Hélas ! l'inventeur est volé une fois de

---

([1]) Dans toute la mise au point de l'aéroplane, le caractère de Farman eut une grande part. Ignorant tout de la machine volante, il se laisse beaucoup guider au début, puis de moins en moins. Il tient à ce qu'on sache qu'à la fin toutes les modifications furent faites sur son initiative.

plus. Les Wright s'en méfiaient beaucoup — ils n'ont
rien voulu montrer — mais leurs seules brochures de
1901 et 1902 ont suffi pour percer à jour leur découverte ;
il n'y avait plus qu'à expérimenter — à comprendre — à
corriger et à recommencer.

Au moment où le public mettait la réussite à l'actif
des brillantes qualités d'équilibriste et de sportsman du

Fig. 85. — Farman a compris qu'il devait braquer le gouvernail vers la terre
et il parcourt 771 m le 26 octobre 1907

sympathique aviateur, M. Delagrange, qui n'avait pas le
même entraînement, prenant tout à coup une grande
confiance, s'exerce le 14 mars et s'envole d'emblée immédiatement sur 300 m, le 16 mars il passe à 600 m et le
17 mars gagne le prix dit des 200 m. Il commence les
cercles le 21 mars, et le 11 avril il s'adjuge la coupe
Archdeacon par 3 925 m.

Fig. 84. — Virage de Farman le 13 janvier 1908 pour gagner le prix Deutsch-Archdeacon. Il a appris que pour virer il faut laisser pencher.

Fig. 87. — Le 13 janvier 1908 Farman vient de gagner le grand prix et retourne à son hangar en volant pour satisfaire les spectateurs qui viennent seulement d'arriver.

A ce moment la foule commença à entrevoir la vérité et le nombre des clients augmenta qui commandèrent à Voisin des appareils de sa marque.

Dans l'histoire des inventions, celle-ci aura cela de particulier qu'elle se sera faite sans capitaux. Dans tous les cas le mérite des frères Voisin sera dans le futur apprécié à sa juste valeur.

Après le gain du prix Deutsch il n'y avait plus qu'à s'efforcer d'installer à bord la partie mécanique comme elle l'est dans les automobiles, c'est-à-dire rationnellement et avec tous les accessoires nécessaires.

Ce n'est pas facile, car il y a beaucoup de détails à régler ; mais il est visible aujourd'hui que seule l'installation était en défaut car rien n'a été changé au moteur.

Le prix du quart d'heure [10 000 fr offerts par M. Armengaud] (¹) n'a été gagné que le 6 juillet, mais à mesure des progrès la durée de marche finira par être ce qu'elle est en automobile, c'est-à-dire qu'elle se prolongera jusqu'à l'épuisement de l'essence.

Esnault-Pelterie

M. Esnault-Pelterie de bonne heure se rend compte de l'avenir de l'aviation. Dès 1903, il cherche aussi à répéter les expériences de Wright ; mais il ne les réussit pas et abandonne cette voie. Il se range à la solution indiquée par Pénaud, c'est-à-dire deux ailes d'oiseau fixes et une queue. Il invente un moteur spécial très intéressant en 1907 et le place sur son aéroplane. Ce qui le distingue c'est son moyen de départ dont nous trouvons le principe infiniment pratique et qui restera certaine-

(¹) M. Armengaud, président de la Société de navigation aérienne dès 1873, s'est de tout temps intéressé à l'aviation et a voulu par son prix important pousser les inventeurs vers les résultats pratiques.

Fig. 88. — L'aéroplane Esnault-Pelterie.

ment. Deux roues en tandem supportent le corps et à chaque extrémité d'aile se trouve une roue. Au départ il part donc incliné, penchant sur une aile et roulant sur trois roues. Dès qu'il est en vitesse l'équilibre se produit sur les deux roues centrales en tandem et l'aéroplane ne tarde pas à s'enlever à la moindre sollicitation du gouvernail de profondeur ou de l'avance à l'allumage (fig. 88).

Malheureusement, en 1907, cet aéroplane a paru manquer de stabilité longitudinale car il n'a jamais pu être chronométré officiellement par la commission d'aviation de l'Aéro-Club.

En 1908, dans un essai qui a fait quelque bruit, M. Esnault-Pelterie s'est heurté à cette difficulté, insoupçonnée du public, qu'un aéroplane jouissant d'un certain excès de force ne peut pas descendre. M. Esnault-Pelterie, les mains occupées par les gouvernails, ne pouvait pas atteindre l'avance à l'allumage, et plus il mettait le gouvernail pour descendre, plus il diminuait son angle d'attaque, plus sa vitesse augmentait.

La force portante due à l'air, augmentant alors comme le carré de cette vitesse, devient excessive. L'air semble devenir de plus en plus impénétrable et l'aéroplane bondit de plus en plus haut par à-coups successifs correspondant aux mouvements du gouvernail.

Ce jour là, le 8 juin, les témoins s'accordent pour indiquer un trajet de 1 200 m et une hauteur finale de 30 m. Le tout se termina par une chute grave pour l'aéroplane, mais qui ne laissa à l'aviateur que de fortes contusions.

Une meilleure concentration sous la main des organes de conduite mettra fin à ce trouble et nous verrons marcher à la conquête de l'air une solution monoplane très intéressante et capable de très grande vitesse.

Antoinette

Un inventeur de grand savoir et éminemment persuasif
— Levavasseur — rencontra, chose si rare en France
pour les inventeurs, le capitaliste ayant confiance qui lui
permit de réaliser une de ses conceptions.

M. Gastambide eut même cette audace de donner ses

Fig. 89. — Aéroplane Levavasseur en 1903.

capitaux pour créer, en 1903, un moteur et un aéroplane
(fig. 89).

Levavasseur, en effet, avait en vue l'aviation intégrale et
il préparait les moyens de la réaliser. Le premier il abaissa
le poids du moteur à moins de 2 kg par cheval. Ce fut à
cette époque une stupeur de le constater : tout le monde

vint à lui, le comte de Lambert, Santos-Dumont, Blériot d'abord, puis les autres aviateurs.

Le moteur avait fait ses preuves sur les canots automobiles auxquels il communiquait de grandes vitesses. Ces canots avaient été baptisés par la fille de M. Gastambide, et c'est de là que vient le nom du moteur Antoinette.

Par sa légèreté, le moteur placé sur tous les aéroplanes leur permit de quitter le sol. Santos-Dumont, puis Farman, Blériot, Delagrange, etc., en firent usage et lui doivent une grande partie de leurs succès. Chose curieuse : le conseil d'administration de la société et les actionnaires ne virent pas du tout que leur avenir était dans l'air et ils voulurent avant tout construire des voitures. Ainsi furent-ils dépassés par leurs clients. Dès qu'ils furent dépassés ils furent tenus dans une dépendance étroite, menacés d'une contre-réclame permanente ou obligés de céder à des exigences multiples.

La société fut ainsi, bon gré, mal gré, forcée, pour se défendre, à faire elle-même ses aéroplanes, mais elle commença un peu tard. Un premier, auquel nous avons collaboré, servit de modèle; un second, nommé Gastambide et Menqin (fig. 90), fut mis au point peu à peu et tous ses enseignements furent reportés sur l'*Antoinette IV*, qui commencera incessamment ses essais. Nous raconterons plus tard les détails de cette histoire qui est curieuse au point de vue de l'analyse des actes d'une collectivité.

Dans tous les cas, les aviateurs français les plus célèbres ne seraient rien sans l'invention de Levavasseur.

Résumé

Nous terminons ici l'étude sur la façon dont l'invention s'est faite en France. Elle aurait pu se faire un peu plus tôt et d'une façon plus décisive si des jalousies n'étaient survenues entre ceux qui avaient trouvé le moteur et ceux

Fig. 90. — L'aéroplane Gastambide-Mengin ou le modèle avec lequel la Société Antoinette a fait ses expériences.

qui avaient réussi l'aéroplane. Nous avons essayé plusieurs fois de nous entremettre entre les parties sans succès et c'est très fâcheux. Quoi qu'il en soit, tout s'est fait comme nous l'avions annoncé, sur le principe de l'aéroplane, par la méthode progressive (¹), en partant des types primitifs de Wright, modifiés selon la théorie et les enseignements des anciens aviateurs français.

Il n'y avait, comme l'avait très bien dit Mouillard, qu'à « oser ». Lilienthal, en utilisant les propriétés du vent ascendant, a pu *oser* le premier sans grand danger, en volant parallèlement au sol et à peu de distance de lui.

En utilisant cette méthode, on pouvait donc recommencer, comprendre, corriger et recommencer. Il est curieux que seuls dans le monde Pilcher, Chanute, Wright et moi-même ayons dégagé ce principe à la fin du siècle passé.

Ce principe était infiniment fécond, parce qu'en l'appliquant on pouvait simplifier et perfectionner. Alors les qualités de sportsman, d'ouvrier et d'ingénieur (²) primaient tout et il ne fallait que relativement peu d'argent. A vrai dire, comme toujours, l'argent pouvait remplacer une ou plusieurs de ces qualités absentes; mais alors il en fallait énormément. Se tromper sur une cause, par exemple, pouvait obliger à faire la dépense de plusieurs appareils inutiles et rétrogrades.

Dès qu'on essayait on découvrait successivement :

1° L'impossibilité d'avancer avec un gros angle d'attaque ;

2° La difficulté qui en résultait pour partir et la facilité de l'atterrissage qui s'opérait en roulant ou glissant tangentiellement au sol ;

3° La sécurité de la méthode, surtout à partir du

---

(1) *Les Progrès de l'Aviation par le Vol plané*, 1904 et *Pas à Pas, Saut à Saut, Vol à Vol*, chez Berger-Levrault et Cᵢᵉ, 1905.
(2) Ce mot étant surtout employé dans le sens de : physicien capable de comprendre par les résultats les causes qui les avaient provoqués.

moment où l'aviateur s'installe dans l'intérieur de l'aéroplane, parce qu'en cas d'accident quelque chose se casse
avant lui ;

4° La nécessité primordiale de conserver l'angle d'attaque constant. Pour cela le gouvernail avant avait le
précieux avantage de servir de niveau et de déceler le
courant d'air sur lequel l'aéroplane s'appuyait. La grande
majorité des aviateurs, au contraire, n'a vu qu'une chose,
c'est que le gouvernail à l'avant n'était pas à sa place ;

5° La nécessité de l'équilibre transversal. Chacun a
réagi suivant son tempérament : Wright a rendu ses
surfaces mobiles ; personnellement, j'ai ajouté un très
léger V ; Voisin a construit des surfaces verticales et
Blériot a mis des volets latéraux ;

6° La nécessité de marcher droit — et chacun d'a-
jouter les quilles nécessaires ;

7° L'obligation de trouver une disposition simple et
commode pour les commandes des gouvernails, afin
d'avoir un bon contrôle et au moins une main libre ;

8° La gyration que provoque fort désagréablement une
seule hélice et la nécessité de l'empêcher avec un gouvernail de direction ;

9° La nécessité de faire un bon moteur un peu plus
léger que celui des automobiles, mais du même principe ;

10° La meilleure utilisation que donnent les grandes
hélices tournant lentement. On sait que seul Wright a
su réussir sa démultiplication.

Pendant que se découvraient ces « simplicités », les
expériences qui se faisaient provoquaient l'étonnement
de la foule sceptique et l'espoir des inventeurs chimé-
riques. Ils vinrent en masse proposer leurs ballons para-
chutes, leurs gyroscopes, leurs gouvernails automatiques,
leurs hélices sustentatrices, leurs surfaces, sans vouloir
examiner ce qui se passait et sans comprendre le pourquoi des choses. Personnellement j'en ai été tout sub-
mergé et infiniment gêné.

Mais le temps avançait. Un à un, ceux qui suivirent la méthode progressive du « pas à pas » retrouvèrent les diverses obligations précédentes et y parèrent comme il fallait. Aujourd'hui, la chose est faite et les solutions deviennent classiques. Dans très peu de temps la foule comprendra à son tour combien l'invention était facile et s'étonnera qu'elle n'ait pas été faite plus tôt.

Il est certain que l'invention était possible avec un moteur à vapeur allégé et qu'elle aurait parfaitement pu être réalisée dans la décade précédente par les Maxim, Ader, Langley et Tatin s'ils avaient pu recommencer un nombre de fois suffisant leurs essais isolés.

Anticipations

Le public, qui n'avait jamais voulu prêter attention aux billevesées des aviateurs depuis l'expérience de Santos-Dumont, s'intéresse tout à coup ; mais il semble prendre la chose un peu comme une expérience réussie de physique amusante. Il ne voit pas la profondeur des idées que cette expérience découvre, il ne prévoit pas la quantité de notions qui vont mourir et les autres qui vont naître, il voit la chose superficiellement, comme un sport pratiqué par de rares adeptes acrobates et casse-cou.

Si la chose ne devait avoir que cette suite, nous en serions navré, car ce n'est pas pour cela que nous avons lutté si longtemps au risque de briser notre carrière. Non ! Nous avons prévu que l'humanité allait entrer dans une phase nouvelle et c'est cette phase dont nous avons voulu hâter le commencement.

On a vu dans les pages précédentes la succession logique de l'invention depuis Lilienthal ; on voit que c'est un même principe qui, avec le même appareil de mieux en mieux sélectionné, solutionne la question.

Les deux autres principes de la réalisation du plus

lourd que l'air sont évincés par leur trop grande complication. Malgré les capitaux et l'opinion de la majorité des ingénieurs qui sont allés d'abord à eux, ils ne peuvent se développer parce que la clientèle ne vient pas et ne peut venir.

La clientèle vient à l'aéroplane qui marche déjà et n'en est plus aux essais. C'est la clientèle qui produit le progrès des types par le bénéfice qu'elle apporte au constructeur heureux de l'employer tout entier à ses perfectionnements.

Ensuite ce sont les courses, les paris et les défis que se lance cette clientèle, qui sélectionnent les types et déterminent les perfectionnements. Par là commence un progrès indéfini.

Malheureusement ce progrès a marché très lentement ; il doit ressortir des chapitres précédents que depuis 1903 cette clientèle aurait dû se former. Il y a bien eu une clientèle pour imposer au constructeur des plans d'appareil, mais c'est Delagrange le premier qui seulement en janvier 1907 a acheté à Voisin le premier type de son usine, c'est Farman le second qui en juin 1907 a fait la deuxième commande sans imposer ses idées personnelles.

Il y a donc presque quatre ans de retard sur les possibilités et d'autres ne se pressent pas de suivre leurs traces. De ce fait les dépenses supportées par les deux premiers aviateurs ont été formidables.

Ils ont trouvé un palliatif. Ils s'exhibent à l'étranger et en province. Il y a deux risques : ou d'être lapidé par une population avide de voir une catastrophe lorsqu'il y a trop de vent pour sortir — ou de ne pas être payé par l'organisateur de l'exhibition. L'appât des recettes possibles et le gain des nombreux prix offerts à l'aviation amèneront d'autres acheteurs en attendant que les sportsmen se décident.

Les sportsmen ne se décident pas à cause de la croyance qu'il faut, pour réussir, être doué de qualités acrobatiques. Santos-Dumont les possède, on les accorde à Farman qui toute sa vie a fait du sport dangereux ; mais heureusement Delagrange, qui n'a aucune prétention semblable, est venu et a prouvé que tout homme capable de conduire un automobile et une bicyclette est capable de monter en aéroplane (¹).

La période des exhibitions, qui est une mauvaise façon de faire progresser les choses, durera jusqu'au moment où la phase sportive commencera, car les populations verront alors pour rien le spectacle qu'on aura accoutumé de leur faire payer très cher dans les aérodromes. Nous espérons que la phase des exhibitions ne durera qu'un an à peine.

Pendant ce temps les progrès qui s'acquerront seront les suivants : meilleur jeu des gouvernails dont les commandes deviendront simples et rationnelles, meilleure installation à bord de la partie motrice qui sera munie de tous les organes de radiation et d'alimentation déjà utilisés pour l'automobile (²). On aura fait plus de 50 km de parcours, on aura tenu plus d'une heure en l'air et le prix des 25 m de hauteur sera gagné depuis longtemps.

La machine, à ce point de perfection, ne sera plus considérée comme un jouet si dangereux et l'on essaiera de *déboucher des aérodromes* pour aller de *crête à crête*.

Cette période sera écourtée, car elle serait déjà commencée si le champ d'Issy-les-Moulineaux n'était pas au fond d'une cuvette bordée de viaducs, de fortifications, d'usines et de fils électriques.

Cette période du crête à crête fera réfléchir un nombre encore plus grand d'hommes qui viendront à nous, car ils commenceront à percevoir le but que nous poursui-

---

(¹) Pour notre compte, sur un de nos appareils nous nous faisons fort de dresser un aviateur en un quart d'heure.

(²) Si Farman le 13 janvier n'a volé que pendant 1ᵐ 28ˢ, c'est parce que son moteur n'était pas muni comme sur les automobiles de tous ses accessoires.

vons. Le nombre des adeptes croîtra et plusieurs parmi
les aviateurs, abandonnant leurs airs de supériorité intangible, se feront honneur et profit d'enseigner aux néophy-
tes à diriger les autovolantes.

On cherchera à surprendre ses amis en villégiature
dans les environs et la seconde phase du *Ville à Ville*,
commencera. C'est à ce moment que l'influence des journaux se fera sentir. Ils feront comme ils ont fait pour le
cycle et l'automobile — ils créeront des prix de courses
que tous les aviateurs se disputeront à l'envi. Les mêmes
directions serviront de grand axe. On reverra Paris-Bor-
deaux, le Tour de France et surtout Paris-Lyon-Méditer-
ranée, car l'attraction de la Côte d'Azur est extrême.

Ces courses se feront par étapes. Il est probable que
les aéroplanes seront obligés de faire au début le *plein* à
peu près toutes les deux heures.

Ces courses, qui passionneront le public, iront sélec-
tionner les types comme cela s'est passé pour l'automobile. De ce fait, quelques constructeurs pâtiront qui
n'auront pas su affiner, alléger et simplifier leurs constructions ; tandis que d'autres, plus souples, verront
affluer les commandes et les capitaux pour avoir deviné
les désirs de la clientèle, attirée par la beauté des formes
et la rapidité des vols.

Dans cette deuxième période que le grand public n'en-
trevoit même pas et qui est si proche que ces lignes vont
paraître tout de suite caduques, on atteindra et l'on dépassera la vitesse de 150 km à l'heure. On construira
des aéroplanes pour trois et quatre personnes. Ceux-là
seront à vrai dire plus lents, car ce que l'on gagne en pas-
sagers on le perd en vitesse (1). La mode s'emparera de ce
sport, comme elle s'est emparée de la bicyclette en 1893

---

(1) Avec un poids par cheval, une légèreté spécifique de construction et
une finesse donnés, il existe une limite pour le poids enlevé en aéroplane.
En conséquence il y a aussi une vitesse limite.

et de l'automobile dix ans après. Si nous admettons une certaine continuité entre ces trois sports issus les uns des autres, nous pouvons prophétiser 1913 pour le commencement du snobisme.

Alors la chose sera lancée, parce que certains constructeurs qui auront pu tenir jusque-là commenceront à payer leurs actionnaires et encourageront par là les capitaux timides à venir vers l'industrie nouvelle. Le Salon du cycle et de l'automobile aura disparu ou il aura ajouté à son nom un qualificatif aéronautique. Il est probable qu'il sonnera toujours le grand rendez-vous de la province et de l'étranger autour de cette industrie étrange, issue sans capitaux des idées et du travail d'un très petit nombre de personnes qui, à travers le rideau opaque de l'ignorance, avaient été aveuglées par l'évidence !

On essaiera de traverser les lacs et les bras de mer en rendant étanche le corps de l'aéroplane et cela justifiera la troisième partie du titre de ce livre. On volera de *Continent à Continent*. Depuis le gain du prix Armengaud, les initiés savent qu'un très léger sacrifice d'argent suffirait pour permettre aujourd'hui la traversée de France en Angleterre. Il n'y a en effet qu'à réserver seulement la somme nécessaire à l'achat d'un aéroplane ayant fait ses preuves avec ce qui est nécessaire aux réparations et à l'entretien pendant une saison.

La traversée Calais-Douvres, qui est relativement facile, tentera par cela même assez vite les audacieux et aura une portée immense en diminuant l'inviolabilité insulaire de la Grande-Bretagne.

Cette prouesse augmentera encore le nombre des adeptes, et les constructeurs par le profit qu'ils en retireront chercheront à faire produire aux autovolantes leur maximum. On poussera la vitesse surtout qui frappe les masses. On passera de 150 à 200 km à l'heure, on ira même plus loin, on cherchera à atteindre le 300 km qui est pour l'aéroplane aussi difficile à obtenir que le 100 l'a été autrefois pour l'automobile. Cela mettra Marseille à trois heures de Paris, Moscou à une journée de Paris, Pékin à quarante-huit heures de Paris !

Bien avant ce terme, des conséquences prévues tendront à se produire que nous allons énumérer successivement.

Usage de l'aéroplane

Ces conséquences dérivent toutes de l'usage qui sera fait de l'invention nouvelle. Étant donné qu'elle servira à transporter avec une grande vitesse un poids relativement faible — deux, trois ou quatre personnes ou leur équivalent en marchandises — on voit immédiatement que l'aéroplane jouera le rôle que jouait autrefois la chaise de poste qui transportait les gens pressés : gens de qualité, financiers, hauts fonctionnaires de l'État ou les dépêches importantes et les marchandises précieuses (¹).

Les gens ayant affaire, c'est-à-dire pressés, étant de plus en plus nombreux, ils se serviront immédiatement du nouveau moyen de communication dès qu'il sera pratique. Il servira de ville à ville et non pas dans l'intérieur des villes.

Liberté individuelle augmentée

Du coup, ceux qui s'en serviront auront l'impression de liberté reconquise. On ne remarque pas assez qu'avec les progrès de la civilisation, si l'homme jouit d'une sécurité de plus en plus grande, il achète ce bienfait par une perte de plus en plus grande de sa liberté individuelle. Un tissu de plus en plus serré de lois et de règlements l'écrase ; le contrôle permanent des autres hommes dans la rue, dans les réunions, dans la vie privée l'oblige à des

---

(1) Certains journaux s'en serviront tout de suite pour hâter leurs distributions dans certaines localités importantes et augmenter leur zone d'influence.

gestes précis, admis par tous, sans qu'il ose se laisser aller très loin dans la voie de l'originalité. Nous ne sentons plus, par habitude, cette sorte d'esclavage, mais pensons par exemple, sans remonter très loin dans le passé, à un homme comme Cyrano de Bergerac — qui était un homme libre dans tout l'espace occupé par son épée — cet homme, s'il revenait parmi nous, vivrait sans plaisir, car il ressentirait à un bien plus fort degré ce sentiment d'étouffement qui étreint les coloniaux quand ils rentrent en France, ou ce sentiment de mépris qu'ont pour le *vieux pays* les Américains moins écrasés par un ensemble d'habitudes inspiré d'un ordre de choses très ancien et respectable.

La faculté de se déplacer vite et individuellement rend un peu de cette liberté perdue — l'automobile a déjà donné cette impression — l'aéroplane l'augmentera.

Augmentation de l'étendue des villes

H. G. Wells (¹) a judicieusement remarqué que le centre des villes devenait uniquement un centre d'affaires que l'habitant quitte la nuit pour loger à la périphérie dans le calme d'une région plus saine et moins troublée. Cette tendance est générale, elle s'observe à Londres, Paris et dans toutes les villes importantes. De là résulte la loi que le diamètre de l'agglomération urbaine se limite à la distance que l'homme peut franchir en une heure, car il consent généralement à perdre une demi-heure de trajet pour se rendre à ses affaires. Quand l'aéroplane de 100 km à l'heure sera couramment employé, la banlieue et la ville occuperont un cercle de 100 km de diamètre.

(1) L'Anglais H. G. Wells est plus qu'un romancier fantaisiste, comme le croient ses compatriotes ; c'est un grand philosophe dont les livres sont de plus en plus appréciés en France. Si ce mouvement continue, il aura sur l'histoire future du pays la plus grande influence, parce que la génération qui vient, imbue de ses idées, favorisera l'évolution qu'il prévoit.

Plates-formes de départ

Les aéronautes ont plus d'une fois protesté vers 1905 contre la décision qui couvrira le Champ de Mars de constructions ; ce champ avec la Galerie des machines aurait fait une parfaite gare centrale d'atterrissage et de garage pour tous les moyens aéronautiques. Malheureusement les revues et journaux spéciaux qui s'occupent des choses aériennes n'avaient pas une voix bien puissante et personne n'a entendu.

Il faudra alors plus tard réserver à grands frais des espaces munis de tous les organes nécessaires au nouveau moyen de locomotion et ce sera naturellement le contribuable qui paiera ce manque de prévoyance.

On utilisera aussi le sommet des édifices que l'on nivellera en manière de plate-forme de départ : cela changera l'aspect des maisons et donnera de la valeur aux étages supérieurs, comme l'a parfaitement indiqué depuis longtemps Robida [1], sous une forme humoristique, mais profondément raisonnée.

L'industrie refleurira que nous avons connue pour les garages d'automobiles ; mais un seul homme n'y suffira plus. Il faut pour un garage d'aéroplanes un champ d'essais d'au moins 100 hectares : seule une Société peut se permettre cette dépense [2].

La lutte contre les sociétés d'électricité

Il est bien fâcheux que l'électricité soit devenue une chose pratique moins de trente ans seulement avant l'avènement du plus lourd que l'air, car elle s'est crue seule

---

[1] *Le Vingtième siècle.*
[2] Les capitalistes avisés feraient bien dès maintenant de jeter leur dévolu sur les terrains libres à proximité des grandes villes.

maîtresse de l'espace et a répandu avec égoïsme partout ses poteaux et ses fils — écueils terribles pour les oiseaux et les aéroplanes.

Dans les pays de houille blanche cela est devenu absolument inconvenant. M. le colonel Schœck, à la réunion de la Fédération Aéronautique Internationale, en 1906, à Berlin, rapportait qu'en Suisse les voyages de nuit en ballon étaient à cause de cela devenus impossibles.

La Fédération a décidé d'engager une action contre les fils disséminés à travers champs et d'obliger au moins les compagnies à les diriger le long des voies de communications. Plusieurs articles de journaux déjà ont été faits sur ce sujet. Il faudra évidemment du temps avant que l'opinion publique s'émeuve à ce propos ; mais elle en sera saisie peu à peu par la force des choses.

Dans tous les cas, les poteaux devront être éclairés la nuit et les fils munis, pour les révéler, de petites banderoles d'étoffe blanche.

Influence pacificatrice et langue auxiliaire

Déjà l'automobile, en multipliant par le grand tourisme les occasions de mettre en présence des hommes de pays différents, a fait beaucoup pour la paix universelle.

On n'a plus envie de haïr ni de se battre contre des gens dont les mœurs et le costume vous ont été expliqués par les influences locales et dont vous avez apprécié les idées et les manières. La nécessité d'une langue auxiliaire se fera sentir de plus en plus et les progrès de l'esperanto le désignent pour cet objet, à moins qu'une langue existante comme l'anglais ou le français (¹) ne vienne à jouer ce rôle.

---

(1) L'influence du français gagne du terrain dans l'Europe centrale et même dans quelques régions anglo-saxonnes, sans compter l'Amérique du Sud. Toutefois, les pays où l'anglais se parle couvrent les trois quarts du globe.

Richesse que procurera la maîtrise de l'air

On a dégagé récemment la raison pour laquelle la maîtrise de la mer faisait la fortune de ceux qui la possèdent. Dans l'histoire, Tyr et Sidon, Carthage, Rome, Venise, la Hollande, l'Angleterre en témoignent successivement. C'est parce que seul le commerce enrichit les peuples et qu'il se fait à travers les frontières. Une frontière terrestre ne faisant communiquer que deux peuples n'a pas de rendement ; au contraire une frontière maritime étant commune à tous les pays baignés par la mer en a un excellent.

En généralisant, le maximum est obtenu par la frontière aérienne qui est commune à tous les pays. L'empire de l'air doit donc fatalement enrichir bien davantage la nation assez heureuse pour s'y élancer la première.

Il faut espérer que la France ne se laissera pas distancer. D'ailleurs, l'individualité de ce mode de transport va bien à notre caractère un peu indiscipliné ; la légèreté relative des marchandises de luxe où nous excellons convient au peu de capacité de transport du nouvel engin, et la nouvelle génération qui vient est éprise de tous les sports.

Les phares répandus sur tout le territoire

Il faut avoir navigué par brouillard, par temps bouché, comme disent les marins, pour connaître les difficultés apportées à l'atterrissage. Quand les voies commerciales aériennes seront ouvertes, l'approche de la terre sera partout aussi difficile. Tous les écueils devront être signalés par des lumières, des sirènes et des cloches. Ainsi, comme il est logique, l'étendue totale du territoire devenant frontière, le réseau linéaire des phares d'un pays devra s'étendre en surface.

Des règles de route

Il est une croyance que la possession de l'espace immense supprimera les abordages. C'est une erreur. Quand l'aéroplane sera d'un usage commercial, les routes de l'espace seront aussi délimitées que le sont les grandes routes des océans. La route Paris-Marseille, par exemple, sera aussi étroite que la route du Havre à New-York et pour la même raison : on sera toujours par économie de temps sur le chemin le plus court. En vain la hauteur intervient-elle, la même raison la limite, car on se tiendra à l'altitude suffisante pour éviter les obstacles et pouvoir choisir facilement le point d'atterrissage si une panne toujours possible y oblige. Ce sera probablement vers 300 m au-dessus de la région la plus haute du parcours.

Des règles de croisement sont donc absolument nécessaires. La commission d'aviation de l'Aéro-Club de France qui a fait naître tous les progrès se saisira certainement à bref délai de la question. Plusieurs principes seront imités de la navigation maritime. Il n'est pas possible de préjuger ici des décisions qui seront prises, mais on peut faire remarquer que le vent crée un axe de symétrie dont il faut se préoccuper. L'aéroplane marchant vent debout est favorisé parce qu'il lui est plus facile de monter et d'atterrir que s'il marchait vent arrière ; donc on peut prévoir :

« De deux aéroplanes marchant en sens inverse celui qui est vent debout cède la place à l'autre. »

De même, pour dépasser un aéroplane, il ne faudra pas le faire au-dessous, par raison de sécurité, mais au-dessus ou par côté :

« De deux aéroplanes marchant dans le même sens, celui qui est en arrière ne dépassera jamais l'autre entre la terre et lui. »

En vue des trajets de nuit, les aéroplanes devront être éclairés et il est assez naturel d'adopter encore les usages de la marine. On distingue trois feux de position : un feu blanc en haut vu de tous les côtés, un feu rouge à bâbord et un feu vert à tribord vus seulement en avant et sur le côté extérieur. Pour la navigation aérienne il suffira d'ajouter un quatrième feu, jaune par exemple, vu de tous côtés pour marquer la partie inférieure.

De cette manière, si l'autre montre ses quatre feux, il vient à vous, s'il n'en montre que deux il fuit, s'il en montre trois il marche par le travers, s'il n'en montre qu'un il se maintient dans une zone d'altitude différente.

De la facilité de trouver la route

L'homme jusqu'à présent a vécu sur une surface et bien qu'il ait la notion de la troisième dimension il n'a pu assez se détacher de l'espace à deux dimensions pour avoir des idées très nettes et très générales — il n'a, en somme, qu'une conception infiniment plate de l'univers.

Avec la navigation aérienne l'horizon s'élargit. Santos-Dumont a conté (1) la jouissance qu'il y avait à se rendre d'un point bas à un autre plus élevé — obliquement — sans ramper sur la surface. Maintenant on peut faire varier « Z », dira volontiers un mathématicien. La conséquence au point de vue de la facilité de reconnaître sa route est immense. Jusqu'à présent l'homme était semblable à une fourmi perdue dans un champ de blé, il était aveuglé par l'étroitesse de son horizon et il dotait volontiers les pigeons voyageurs d'un sixième sens mystérieux, tant il avait de peine à concevoir les facilités que donne la conquête de l'espace. Déjà les aéronautes qui ont de nombreux voyages à leur actif, comme le comte

(1) *Dans l'air*, par Santos-Dumont.

de La Vaulx, M. Tissandier, M. F. Peyrey, racontent que
sans carte, à la seule inspection des lieux, ils savent dans
quelle province ils se trouvent, ils savent reconnaître que
la frontière a été franchie...

Quand les aéroplanes pourront aller de Paris à Marseille, nous tiendrons volontiers le pari de faire le trajet
sans carte et sans boussole.

De la diminution du droit de propriété

Si l'avènement de la navigation aérienne augmente un
peu la liberté individuelle de chacun, en vertu de la loi
de constance (¹) il doit y avoir perte par ailleurs.

Qui perd au nouveau jeu? Le propriétaire évidemment.
L'atmosphère qui nous entoure est désormais pénétrable
pour l'homme. De ce fait, le propriétaire clos de murs
qui a oublié de murer aussi son ciel n'est plus tout à fait
chez lui.

Il n'est plus au pouvoir de personne de l'empêcher.
Le gouvernement qui, aujourd'hui, fermerait ses routes
aériennes retarderait l'évolution, mais ne l'arrêterait pas.
L'invention, en effet, se perfectionnerait ailleurs, chez un
voisin plus avisé qui bénéficierait de l'industrie nouvelle.
Lorsque l'invention sera achevée, on ne se fera pas faute
de traverser, insaisissable, la région assez sotte pour avoir
cru à son inviolabilité.

Ainsi l'air pénétrable a pour conséquence une diminution dans le droit de propriété. Quiconque voudrait s'y
opposer serait semblable à ce fou qui, dans une vallée,
élèverait un barrage dans l'espoir d'empêcher le torrent
des eaux de rouler vers la mer.

(1) Quinton.

La liberté de l'atmosphère

Ce qui vient d'être dit démontre qu'un pays quelconque ne peut avoir la prétention d'interdire les voies aériennes car, s'il le faisait, il arriverait toujours un moment où l'on se moquera de son interdiction.

Il résulte de ceci que l'atmosphère doit être traitée comme la mer, qui est libre sauf une zone, appelée territoriale, située près des côtes.

Espérons qu'il ne sera pas nécessaire pour obtenir cette liberté de lutter aussi longtemps que cela a été nécessaire pour la mer.

Ce n'est, en effet, que depuis 1820 environ que la mer est libre, parce que la supériorité navale de l'Angleterre était telle qu'elle s'arrogeait le droit de visite sur tous les bateaux portant un autre pavillon.

L'atmosphère sera donc libre sauf une zone appelée territoriale qui existera immédiatement au-dessus des terres. Un savant congrès de diplomates fixera sa hauteur. Espérons qu'ils ne la feront pas trop élevée. Ils en seront tentés, car, représentants des États, ils voudront défendre leurs droits de propriétaires souverains sous prétexte d'espionnage possible. Cinq cents mètres nous paraissent suffisants. Quant à l'espionnage, quelle que soit la hauteur, il sera grandement facilité, et les forteresses, c'est là une évolution depuis longtemps prévue (¹), prendront forcément l'aspect d'une fourmilière, toutes les communications étant couvertes.

Quand un navire de guerre étranger pénètre dans la zone territoriale, il salue la terre et, s'il jette l'ancre, le commandant de cette force navale vient en grande pompe visiter les autorités du pays.

---

(1) Cours de Fontainebleau : *L'artillerie dans l'attaque et la défense des places*, 1900, capitaine Ferber.

L'aéronaute militaire sera assujetti aux mêmes formalités. La question ne tardera pas à se poser lorsqu'un dirigeable militaire emporté par le vent planera sans le vouloir sur un territoire étranger. Elle se résoudra sans doute par un échange de visites courtoises entre les autorités militaires (¹).

Le droit d'atterrir

Le principe de la liberté de l'atmosphère, qui découle de la diminution du droit de propriété, une fois admis, il en résulte le droit d'atterrir. C'est un droit (²) dont l'exercice n'ira pas sans l'octroi de nombreuses indemnités en cas de dégâts ou d'accident de personnes; mais c'est un droit intangible ; ne pas l'admettre serait fermer les voies aériennes : ce qui est impossible.

Extension de la notion de frontière

Une des autres conséquences de la diminution du droit de propriété est l'atteinte que le nouveau mode de locomotion porte au privilège que se donne l'État de taxer certaines denrées à leur entrée dans le pays. Il est certain qu'une contrebande active utilisera immédiatement l'aéroplane. Beaucoup de personnes prévoient à cause de cela la disparition de la douane. Elles se trompent. Cela ne pourrait arriver que si des milliers de voyageurs utilisaient immédiatement l'aéroplane, c'est-à-dire si ce mode de locomotion entrait de plain-pied dans nos mœurs, car alors l'opinion publique ameutée empêcherait toute restriction à son emploi.

Cela ne sera pas ainsi. De rares privilégiés se serviront

(1) Avec beaucoup de courtoisie, les officiers anglais ont renvoyé en France les hélices du *Patrie* tombées en Irlande.

(2) Consulter « Le Domaine aérien et le Régime juridique des aérostats ». (*Aérophile*, mars 1902.)

d'aéroplane d'abord et si parmi eux quelqu'un fait de la contrebande il sera assez facilement démasqué à son point d'atterrissage qui, dans l'état actuel de l'invention, sera encore assez près des postes douaniers de la frontière. Ces derniers en arriveront à détacher quelques inspecteurs dans la zone et la Direction générale des douanes découvrira ainsi peu à peu qu'avec l'air pénétrable la frontière d'un pays n'est plus une ligne, mais la surface du pays tout entier.

En conséquence chaque localité recevra peu à peu son agent des douanes.

La police aérienne

Cet agent qui notera ainsi tous les atterrissages sera doublé d'un policier ou remplira à lui seul les deux rôles, car le régime de liberté que donnera aux hommes la faculté inouïe de déplacement rapide paraîtra bientôt aux gouvernements très dangereux.

Il est certain que les hommes abuseront immédiatement de cette liberté. On entendra parler de vols, de viols, d'enlèvements divers commis par des gens disparus par la voie des airs sans laisser de traces.

Malheureusement pour eux ils devront atterrir quelque part et ils s'y feront prendre.

Comme les bateaux, les voitures, etc., les aéroplanes recevront un numéro d'ordre et auront un port d'attache : ils seront donc rapidement identifiés. De plus, de même qu'il a été nécessaire de créer une police cycliste, une police fluviale, on créera aussi une police volante.

On ne fera d'ailleurs qu'imiter la nature, car une police analogue existe dans le peuple des vautours (¹).

En Égypte, les milans et les corneilles restent près de terre, furettent et découvrent les proies. Au-dessus d'eux,

---

(1) Mouillard, *L'Empire de l'air*.

à 200 ou 300 mètres en l'air, se trouvent les percnoptères qui surveillent une dizaine des premiers. Plus haut, vers 600 à 1 000 mètres, planent les vautours fauves veillant sur quatre ou cinq percnoptères et enfin vers 2 000 ou 3 000 mètres, attentifs et se balançant sur leurs ailes, existent les arrians avec les otogyps, qui sont les rois de l'air en attendant l'homme. Par l'intermédiaire de trois ou quatre vautours fauves ils contrôlent un vaste territoire.

En Amérique du Sud les urubus sont surveillés par les auras, les auras par les papas et ces derniers par les condors.

Ainsi tous ces grands rapaces établissent une sorte de réseau d'observation sur la terre par cela même qu'ils se surveillent les uns les autres et sitôt qu'un repas est signalé les voisins d'alentour se mettent de suite en route dans cette direction. Rien ne leur échappe qui leur paraisse digne d'intérêt.

Cette organisation est à copier tout entière et elle résoudra complètement le problème de la police aérienne. Il suffira d'étager dans l'atmosphère des aéroplanes à moteur de puissance croissante portant des inspecteurs hiérarchisés qui croiseront échelonnés les uns au-dessus des autres et contrôleront les atterrissages suspects.

Influence sur la guerre

Chose curieuse : la plupart des inventeurs de machines volantes ne pensent qu'aux applications militaires! Les Wright eux-mêmes n'ont pas échappé à ce travers. D'un autre côté les rêveurs ne manquent pas d'affirmer que l'avènement de la machine volante supprimera la guerre. Nous avons au contraire toujours pensé que l'aéroplane devait d'abord être utilisé pour des buts pacifiques, comme l'automobile ; mais, comme l'automobile aussi, il sera une machine merveilleusement utile à la guerre.

Ce ne sera pas pour lancer, suivant les brevets d'une nuée d'inventeurs, des explosifs sur l'ennemi. Ceux qui préconisent cet usage ignorent que l'effet d'un seul projectile et même de plusieurs est nul. Contrairement à l'opinion du vulgaire, jamais un bombardement, même le plus énergique, n'a pu vaincre un ennemi ayant du cœur[1].

Le jet de quelques projectiles pourrait provoquer quelques désordres dans les convois; mais ils seraient promptement réparés et surtout ils n'auraient aucun effet sur la ligne de combat qui seule importe. Un cas pourrait avoir cependant une influence en paralysant quelque temps les nerfs moteurs de l'ensemble : ce serait un projectile tombant au milieu de l'état-major d'un généralissime; mais, outre que ce serait là un coup de pur hasard, il n'est pas du tout sûr que le trouble en serait durable si dans l'armée il y a unité de doctrine et des règles simples de remplacement[2].

Non ! le vrai rôle des machines aéronautiques est de faire l'*exploration* pour laquelle la cavalerie est actuellement insuffisante. Leur fonction est d'observer ce qui se passe chez l'ennemi et de renseigner le général en chef.

« Quand l'host sait ce que fait l'host, l'host bat l'host », dit Montluc. Eh bien, le général qui possédera le premier une flottille aérienne saura non seulement tout ce que fera le général ennemi, mais même son gouvernement, car en faisant planer ses flottilles sur toute la surface du pays ennemi, *il avancera ses frontières jusqu'à l'atmosphère territoriale de cette malheureuse con-*

---

(1) La victoire est uniquement aux soldats qui ont fait le sacrifice de leur existence, même s'ils combattent nus des adversaires protégés. Toute l'histoire depuis les temps les plus reculés jusqu'à l'heure actuelle n'a cessé de démontrer ce fait, au premier abord paradoxal.

(2) Le 6 août 1870, à Forbach, les Allemands ont changé huit fois de commandant en chef. Aucun n'a eu l'idée de commander autre chose que ce qu'avait conçu le précédent.

trée et rien ne lui échappera des réserves dernières, des
transports du commerce, des ressources quelconques
qu'on dressera hâtivement contre lui. Seuls quelques
points, quelques forteresses, qui auront pris les carac-
tères souterrains des fourmilières, lui échapperont. A ce
moment il ne sera vraiment pas difficile d'exercer les
fonctions de général en chef; mais cela ne durera pas, car
l'apparition d'un engin nouveau entraîne la lutte contre
l'engin semblable, et il y aura, pour assurer la maîtrise
de l'air, des combats devant lesquels les luttes d'aujour-
d'hui pour la maîtrise de la mer ne seront que des jeux
d'enfant.

La tactique de combat de l'aéroplane

Il y aura donc à considérer une lutte entre les engins
aéronautiques, de même qu'on distingue la lutte de cavalerie, la lutte d'artillerie, etc. ; c'est une loi générale.

Il s'agit donc de faire disparaître de l'air les escadrilles
ennemies afin de rendre aveugle le général en chef.

Pour avoir une vision du combat de deux engins aéronautiques aéroplanes, il n'y a qu'à observer le combat
des oiseaux de proie. Le faucon, par exemple, poursuit
un corbeau. Ce dernier fuit; dès qu'il sent sa marche
inférieure, il monte. Le faucon, qui a déjà manœuvré
pour être plus haut que lui, monte parallèlement. Chacun monte en spirale et se hâte. Fatalement celui qui
peut monter le plus haut sera vainqueur de la lutte,
car il peut porter des coups en restant à l'abri. Cette loi
est d'ailleurs générale à condition de placer le zéro à la
surface terrestre. C'est ainsi que dans la guerre de mines
celui qui peut le premier ouvrir une galerie au-dessous
de l'adversaire est vainqueur ; dans la lutte des sous-
marins aussi celui qui pourra s'enfoncer le plus bas
triomphera de l'autre.

Dans le combat de deux aéroplanes il y en aura fatalement un qui pourra monter plus haut que l'autre. Chaque aéroplane, en effet, a une limite d'altitude variable même chaque jour, parce qu'à une certaine hauteur le moteur, qui respire aussi, deviendra poussif.

Il aura le mal des montagnes !

On aura beau lui faire respirer de l'oxygène, la limite de hauteur sera atteinte et si à ce moment il vole plus haut que son adversaire, il est dans une zone de sécurité absolue, il peut donc choisir son moment pour frapper son ennemi à son heure. Ce dernier, pour éviter la chute mortelle, sera obligé de se laisser couler jusqu'à terre, rendant ainsi son généralissime aveugle.

Les armes des aéroplanes seront probablement des obus à main, des revolvers, des crochets ou des harpons.

Remarquons en passant que s'il y a des ballons dirigeables, comme ils auront à peine une vitesse de 100 kilomètres à l'heure ils seront sans difficulté rejoints par nos aéroplanes faisant du 150. En vain essaieront-ils de s'élever plus haut, la condensation qui les guette les fera redescendre et bientôt ils seront harcelés, crevés et anéantis parce que trop grands et trop vulnérables.

Bientôt les aéroplanes auront détrôné les ballons dirigeables si chers(1). On a commencé à les mettre au point beaucoup trop tard, en 1903, à un moment où nous savions que l'autre solution existait !

Quand tous les aéroplanes ennemis auront été détruits ou réduits à se poser, les escadrilles, imitant alors la tactique navale, commenceront leurs croisières au-dessus des garages et des lieux de construction pour empêcher toute nouvelle occupation de l'air. Tout aéroplane ennemi qui aura pu tromper la surveillance sera rapide-

---

(1) Et pour lesquels en ce moment l'Allemagne se passionne en se trompant tout entière.

ment éventé, poursuivi et dominé exactement comme cela se passe pour les corsaires quand un pays a renoncé à la bataille rangée.

Dans ces croisières les escadrilles feront des évolutions dont les principes sont déjà connus.

Nos camarades de l'artillerie, de la cavalerie et de la marine, qui ont déjà une extrême jouissance à diriger leurs unités mouvantes pendant les manœuvres, peuvent par avance se figurer l'intensité de plaisir qu'il y aura à guider ces engins à travers les trois dimensions de l'espace.

Ils peuvent déjà discuter, par exemple, des meilleurs moyens pour résoudre cet article d'une nouvelle théorie : « L'escadrille d'aéroplanes étant en ligne de file au plus près de l'horizontale, la faire passer en bataille à tribord. »

Où doit se placer le chef? Le principe du chef guide de sa troupe est probablement le plus commode à adopter. S'il est adopté, il faut définir un signal qui le rende libre de ses mouvements. Cela posé, les aéroplanes en virant tous du même bord à la fois se trouveront en bataille...

Conclusion — Où s'arrêtera-t-on?

On ne s'arrêtera pas. Sans doute il y aura une très longue période pendant laquelle le maximum de l'altitude atteinte sera relativement petit. Dès que les grandes vitesses seront obtenues, on s'attaquera au problème de la hauteur qui est utile à la guerre. Le moteur à pétrole, qui respire lui aussi, sera attaqué avant l'homme par la raréfaction de l'air. On atteindra probablement sans truquage les 2 000 m de hauteur. En fournissant au moteur et à l'homme l'oxygène nécessaire on pourra atteindre plus tard les 8 000 m d'air que les aéronautes ont déjà reconnu. La vitesse de l'aéroplane y sera singulièrement augmentée par suite de la diminution du coefficient de la résistance de l'air ; mais les hélices devront en même temps être plus larges et plus grandes.

Toutes ces raisons impliquent une limite absolue de hauteur au type aéroplane tel qu'il vient d'être décrit dans cet ouvrage.

Pour aller plus haut, et l'homme voudra aller plus haut, il faudra adopter un principe différent. Le principe de la fusée est tout indiqué. Le moteur à réaction s'en déduit. L'homme sera enfermé dans une enceinte où l'air respirable lui sera fabriqué. A vrai dire, il ne montera plus une machine volante, mais plutôt un projectile dirigeable. La réalisation de cette idée n'a rien d'impossible pour la pensée et la puissance humaines, qui seront en progrès tant que le soleil déversera sur la planète une énergie suffisante.

La diminution de chaleur sera peut-être même la cause d'un nouveau progrès. Car la vie terrestre un jour sera menacée. Un terrible dilemme se posera : ou retourner au néant à travers la décrépitude lente des régressions, ou, pour y échapper, vaincre avec un nouvel engin l'immensité.

Certainement le voudra et l'exécutera un groupe de ces surhommes du futur, mille fois plus puissants, mille fois plus intelligents que nous, qui pourtant les concevons obscurément en esprit et les savons inclus dans les parties les plus profondes de notre être.

Certes ils abandonneront la planète inhospitalière et c'est là le but ultime du plus lourd que l'air qui vient de naître sous nos yeux étonnés et ravis (¹).

----

(1) Nous ne voulons plus être taxés de rêveur, et quelque téméraire que puisse paraître cette conclusion ; c'est aussi celle à laquelle arrivent Wells, Esnault-Pelterie, Archdeacon, Quinton et d'autres philosophes. (*Note de l'auteur.*)

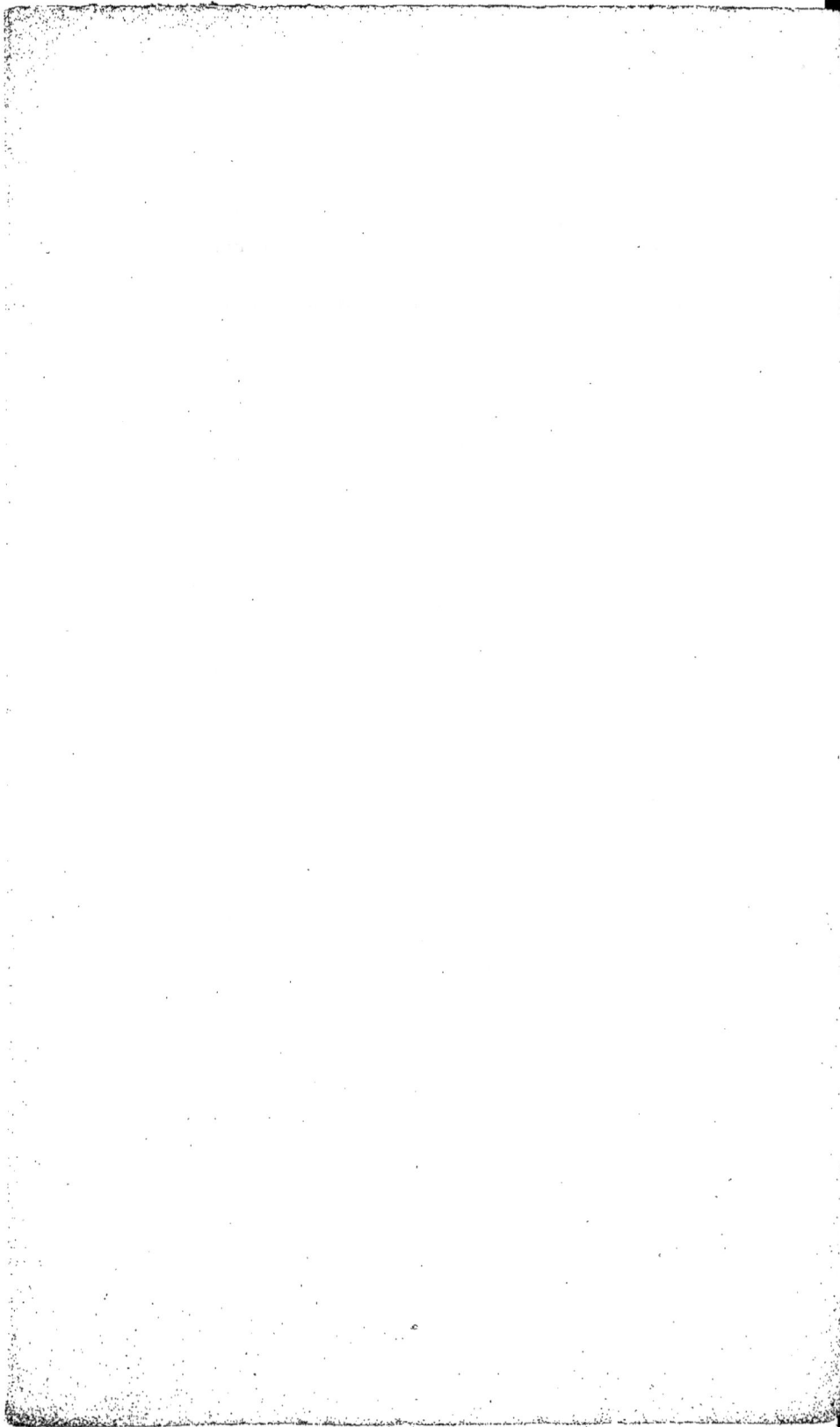

NOTE

Sur les détails de construction d'aéroplanes

Lorsque, en 1898, je voulus construire mon premier aéroplane, la difficulté de l'étude disparaissait devant celle de la construction, car avant de se mettre au travail, il fallait solutionner quantité de détails prohibitifs. Parmi ces détails, les principaux concernaient la matière, les assemblages, les haubans, les tendeurs et les courbes. Tout cela aujourd'hui est simple ; mais précisément parce que simples, les solutions n'ont été trouvées que lentement et au milieu de mille difficultés.

Que faire pour assembler les bambous perpendiculairement et parallèlement ?

Quel fil employer pour les haubans ? — Quels tendeurs ?

En particulier, l'histoire des tendeurs est curieuse, elle domine la question. — En 1898, il n'y avait dans le commerce que les tendeurs à vis, employés pour raidir les haubans de marine (fig. 1) et ceux à rochets, dont on se sert pour les clôtures (fig. 2). Les uns et les autres étant très lourds, il fallait d'abord obtenir à prix d'or des constructeurs qu'ils voulussent bien alléger leurs modèles. Je n'ai jamais voulu du tendeur à vis, qui présente trois inconvénients immenses : 1° On ne peut pas tendre de plus de la longueur des vis — et comme, dans un aéroplane, il y a toujours à avaler du fil en quantité, il ne faut pas avoir chaque fois un réglage à recommencer. — 2° Laissé à l'air, le pas de vis se rouille et le tendeur devient inutilisable. — 3° Si l'on oublie de ligaturer l'écrou, le pas de vis se desserre et le câble pend lamentablement. En résumé, avec ce genre de tendeur, les constructions ne sont jamais solides.

Quant aux tendeurs de clôture, ils peuvent avaler du câble, mais pas encore assez ; de plus, les dents à rochets peuvent se casser. On y a remédié en remplaçant les rochets par un carré ; mais alors le réglage n'existe qu'à un quart de tour près (fig. 3).

Frappé par tous ces inconvénients, j'imaginai de transporter aux aéroplanes le principe des cosses, qui rendent en aérostation de si grands services pour le réglage des cordes ; mais au lieu de les faire en bois, je les fis en aluminium. Avec ce métal, il devenait possible de réunir et de tendre les câbles en fil d'acier sans faire de nœuds et d'une façon absolument pratique. De modèle en modèle, je suis arrivé à la perfection, soit comme dimensions, soit comme procédé de pose. La figure suivante montre le dispositif et l'explique suffisamment (fig. 4).

On y voit la manœuvre du crochet tendeur, qui permet de don-

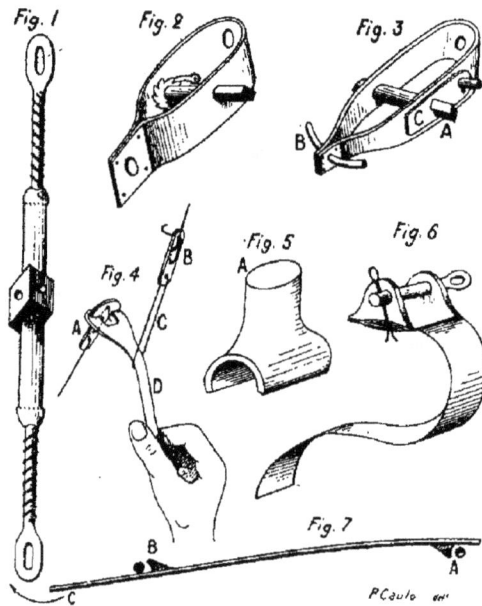

Fig. 1 Fig. 2 Fig. 3 Fig. 4 Fig. 5 Fig. 6 Fig. 7

ner le serrage convenable. C'est l'honnête crochet de bottine qui a donné l'idée de crochet tendeur si pratique. Tous ces détails ont été trouvés peu à peu, point par point, pendant cette période d'expérimentation active qui a duré plus de six ans. Je possède la collection des perfectionnements successifs : c'est le musée des monstres, comme je le dis plaisamment.

Je n'aime pas la corde à piano pour les haubans, je trouve qu'elle est cassante, difficile à manier. Je préconise le câble en fil d'acier et j'emploie un câble spécial de 1ᵐᵐ6 seulement de diamètre, qui résiste à 400 kg avant de se rompre.

Je n'aime pas non plus beaucoup le bois, trop lourd et cassant. On ne peut pas sortir de ce dilemme si l'on emploie le bois : « Ou vous faites solide, et alors vous êtes trop lourd, ou vous faites léger et alors vous êtes trop fragile. »

Le tube de métal serait léger et fort, mais quelle dépense, lorsqu'on fausse quelque chose ! Ce qui vaut le mieux, c'est ce tube naturel de bois qui s'appelle le bambou. Il a encore un immense avantage pratique : quand il casse, il se fend sans jamais faire d'esquilles et l'aviateur ne risque pas de se faire des blessures inutiles. On a dit qu'il résistait beaucoup à l'avancement : c'est faux.

Maintenant, comment assembler les bambous perpendiculairement et longitudinalement ? C'est bien simple — perpendiculairement — on enfile dans l'un des bambous un petit bouchon en bois (fig. 5), et la figure montre comment ce bouchon est creusé pour prendre appui sur le second bambou.

Longitudinalement — c'est tout aussi simple : on commence par enfiler les deux bambous sur un petit cylindre en bois. Puis on enroule par-dessus, en couvre-joint, une feuille d'aluminium de 5 dixièmes de millimètre d'épaisseur et l'on fixe *ne varietur* cette feuille aux deux extrémités, par des colliers réglables du modèle indiqué figure 6.

On aurait pu se servir d'un tube à la place de cette feuille d'aluminium ; mais comme tous les bambous ne sont pas du même diamètre, il faudrait avoir un assortiment complet de tubes, et il vaut mieux avoir un tube réglable.

Restent enfin les courbes de la voilure : il faut les faire avec de minces feuilles de bois collées et vernies, on obtient ainsi quelque chose de solide et d'élégant. Certains aviateurs, pour faire des économies mal entendues, ont pris l'habitude de découper simplement, à la scie circulaire, les courbes dans un madrier ; inutile de dire que l'on coupe ainsi toutes les fibres du bois et que l'on ne peut espérer aucune résistance.

A remarquer (fig. 7) les taquets qui permettent de placer avec facilité les courbes sur les bambous, formant longrines.

Enfin, pour terminer cette longue énumération, un conseil : jamais de vis, jamais de clous ; uniquement des ligatures en ficelle goudronnée.

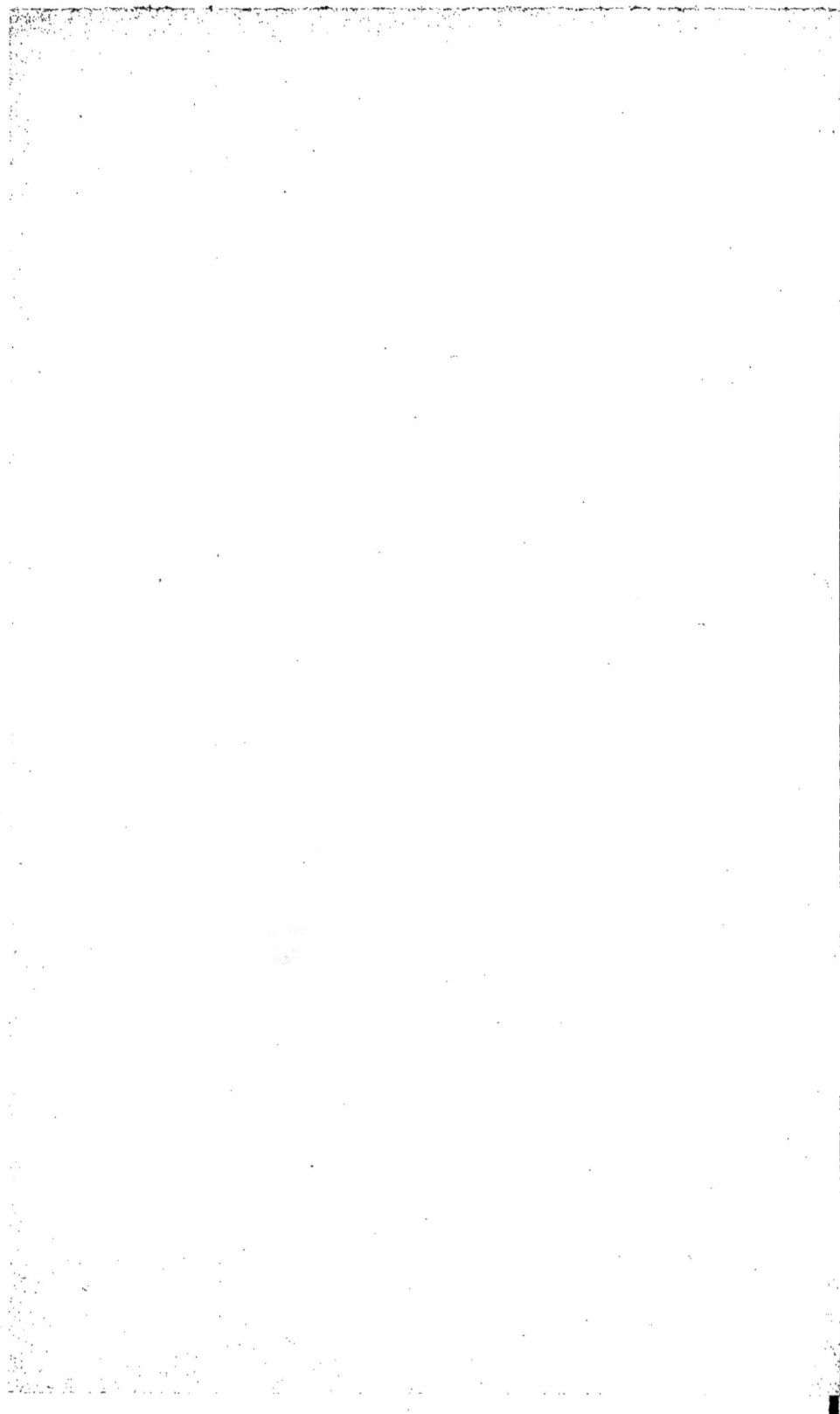

LES CALCULS

Après que des faits positifs nous ont permis d'écha-
fauder quelques rêves par « extrapolation », il est peut-
être permis d'aborder quelques calculs, afin de pouvoir
prévoir les possibilités par « interpolation ». Et s'il était
nécessaire de nous en excuser auprès des hommes d'action qui ne croient guère à l'analyse, mais dont l'opinion
nous est précieuse, il suffirait peut-être de dire que, depuis
sept ans que nous combattons par la parole, par la plume
et par le fait, c'est la première fois que nous dépassons
dans nos calculs le stade de l'honnête règle de trois [1].
Une pareille modération nous sera sans doute comptée
comme circonstance atténuante.

Quoi qu'il en soit, nous essaierons de faire la théorie
de l'aéroplane, après bien d'autres [2], mais en tenant
compte d'un effort de propulsion et du mouvement autour du centre de gravité, en vue d'applications immé-
diates.

---

[1] Écrit en 1905.
[2] Pénaud en 1870 avait établi la théorie élémentaire ; le colonel Renard
a publié dans la *Revue de l'Aéronautique*, 1888, la théorie statique ; mais
la théorie générale de l'aéroplane dans l'espace n'a pas encore été abordée.

Loi des plans minces

Il n'y a plus aujourd'hui d'incertitude sur la loi de résistance des plans minces en mouvement suivant une faible incidence. La résistance normale a pour expression :

$$N = kSV^2 \sin \gamma$$

où k est le coefficient de la résistance de l'air, S la surface, V la vitesse et γ l'angle d'attaque. D'ailleurs, cette force s'exerce à une distance en avant du centre de figure de l'aile variable avec l'angle d'attaque.

D'après M. Soreau [1], la fonction qui exprime cette distance est $\dfrac{L'}{4(1 + 2\,\mathrm{tg}\,\gamma)}$, L' étant la largeur de l'aile.

D'après une formule plus ancienne, donnée pour l'eau par Joëssel et pour l'air par Avanzini, elle aurait pour expression $0,3\,(1 - \sin\gamma)\,L'$. L'une et l'autre fonction rendent compte de la marche du phénomène qui est de rapprocher la résultante du bord avant de l'aile quand l'angle d'attaque diminue. La formule de M. Soreau, plus récente, tient bien compte des expériences de Langley. Nous avons exécuté les calculs dans les deux hypothèses et, dans ce premier travail, nous préférons adopter la seconde, car elle permet d'arriver plus simplement au résultat, en rendant les équations plus homogènes.

Ce qui précède s'applique aux plans minces, et nous n'employons que des surfaces un peu courbées ; donc nos expériences ne cadreront pas avec les formules et, de la différence ainsi constatée, nous pourrons faire jaillir

[1] Voir, dans les *Mémoires et compte rendu de la Société des ingénieurs civils de France,* octobre 1902, l'article intitulé : *Navigation aérienne,* par M. Soreau.

une conséquence relative à la courbe employée et perfectionner la loi en ajoutant un nouveau paramètre.

De la composition des surfaces

Cela posé, les aéroplanes ne sont pas formés d'une seule surface, mais il est facile d'en constater une ou plusieurs parallèles sustentatrices et d'autres, légèrement inclinées sur les précédentes, utiles à l'équilibre. Sauf dans le cas où elles sont masquées ou trop rapprochées, les surfaces parallèles ajoutent leur action. On applique la règle de la composition des forces parallèles. En profitant de leur peu d'inclinaison, nous décomposerons les autres surfaces en deux, les unes parallèles aux premières et s'ajoutant à elles, les autres perpendiculaires, et nous admettrons qu'il y a équivalence ([1]).

L'aéroplane théorique se compose ainsi d'une seule surface sustentatrice S et de deux surfaces perpendiculaires; la première s s'opposant à la marche et par con-

---

([1]) C'est admettre qu'une surface AB peut être remplacée par la surface AC et la surface BC (fig. 1), c'est-à-dire que la force F_1 est la résultante de F_2 et de F_3. Or, cela n'est pas exact. Toutefois, si l'angle ε reste petit par rapport à l'angle d'attaque, l'erreur reste tolérable. On pourrait, en

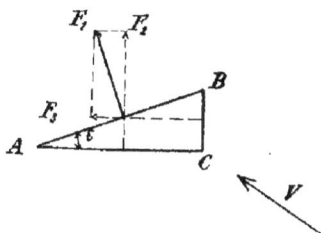

Fig. 1.

introduisant des surfaces fictives, faire rigoureusement cette décomposition des surfaces; mais cela doublerait le nombre des constantes déjà nombreuses du problème et, dans un but de simplification, nous admettrons ce point pour une première approximation.

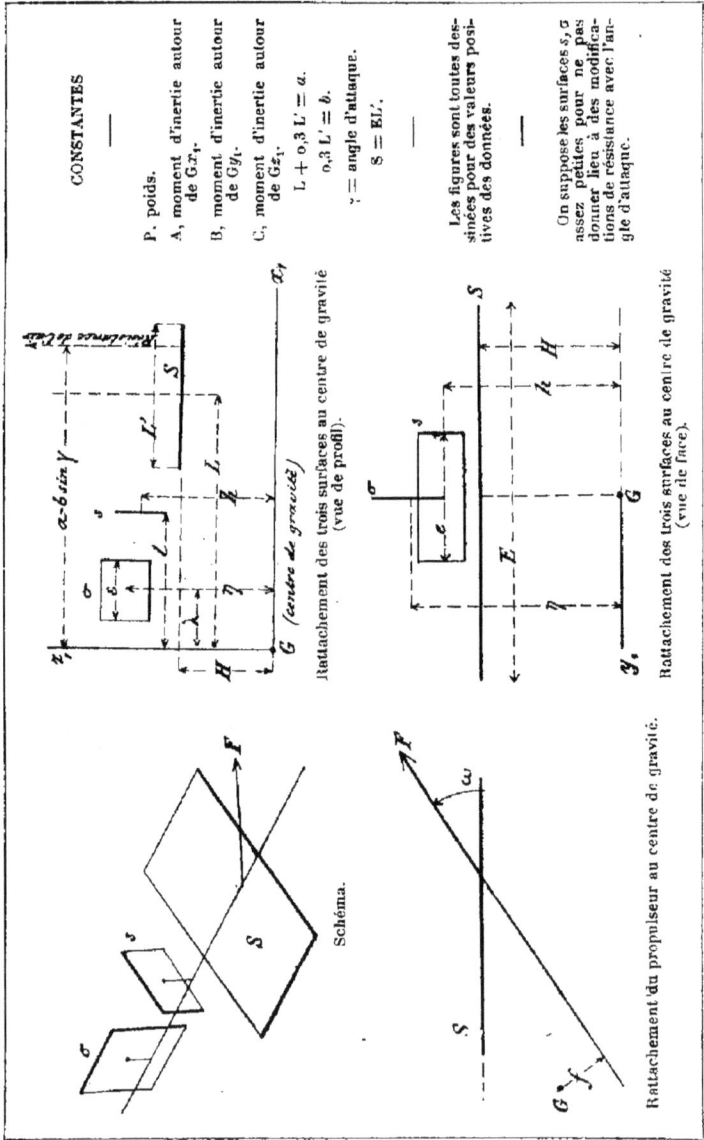

CONSTANTES

—

P, poids.

A, moment d'inertie autour de Gx.

B, moment d'inertie autour de Gy.

C, moment d'inertie autour de Gz.

$L + 0.3 \, L' = a$.

$0.3 \, L' = b$.

$\gamma =$ angle d'attaque.

$s = \mathbf{E}L'$.

Les figures sont toutes dessinées pour des valeurs positives des données.

On suppose les surfaces s, σ assez petites pour ne pas donner lieu à des modifications de résistance avec l'angle d'attaque.

Rattachement des trois surfaces au centre de gravité (vue de profil).

Rattachement des trois surfaces au centre de gravité (vue de face).

Schéma.

Rattachement du propulseur au centre de gravité.

Fig. 2. — Tableau des caractéristiques de l'aéroplane théorique (kg, m, sec)

séquent nuisible, la seconde σ parallèle à la marche et formant quille. Dans la surface nuisible *s*, il faut faire rentrer également la résistance due aux haubans, bouts dehors, moteur, carène, aviateur, etc. Ce serait une surface bien difficile à calculer *à priori,* à cause de la quantité d'objets mal délimités qui la produisent. Aussi la considérerons-nous comme une surface fictive, ce qui nous permettra de lui appliquer la même loi du sinus de l'incidence, quoique l'incidence soit grande ; mais cela donnera plus de symétrie a l'équation et l'expérience se chargera de déterminer cette surface fictive variable.

Enfin, il y a un plan de symétrie, et les schémas de la figure 2 résument cette discussion en définissant les *caractéristiques de l'aéroplane théorique.*

Équation du mouvement le plus général

Le mouvement le plus général se compose du mouvement de translation du centre de gravité et du mouvement de rotation autour du même point. Le mouvement de translation est donné par rapport à trois axes fixes Ox, Oy, Oz, tels que Oz soit vertical, au moyen de trois équations dont le type est :

$$\frac{P}{g}\frac{d^2z}{dt^2} = Z_P + Z_S + Z_s + Z_\sigma + Z_F,$$

où X, Y, Z sont les projections sur les axes des forces indiquées par les indices P, S, s, σ, F, c'est-à-dire la pesanteur, les résistances dues aux surfaces S, s, σ et l'effort de propulsion F.

Le mouvement de rotation est donné par rapport à un système d'axes passant par le centre de gravité et parallèles aux axes fixes précédents, au moyen d'un système d'axes défini par les angles d'Euler ψ, φ, θ et tels que Ox_1y_1 soit parallèle au plan alaire et que Ox_1z_1 soit le plan de symétrie. On a, classiquement, avec p, q, r représentant la rotation instantanée autour des axes x_1, y_1, z_1 :

$$(2) \begin{cases} A\dfrac{dp}{dt} + (C - B)\,qr = L, \\[2mm] B\dfrac{dq}{dt} + (A - C)\,rp = M, \\[2mm] C\dfrac{dr}{dt} + (B - A)\,pq = N. \end{cases}$$

$$(3) \begin{cases} \dfrac{d\theta}{dt} = p\cos\varphi - q\sin\varphi, \\[2mm] \sin\theta\,\dfrac{d\psi}{dt} = p\sin\varphi + q\cos\varphi, \\[2mm] \cos\theta\,\dfrac{d\psi}{dt} + \dfrac{d\varphi}{dt} = r, \end{cases}$$

où A, B, C sont les moments principaux d'inertie et L, M, N les sommes des moments des forces appliquées pris par rapport aux axes x_1, y_1, z_1, les rotations étant positives quand elles ont lieu de gauche à droite, pour un observateur empalé sur l'axe, les pieds en O.

Ceci posé, il est nécessaire d'évaluer toutes ces forces et leurs projections. A cet effet, il importe de rappeler les formules connues([1]), pour passer du système x_1, y_1, z_1 au système x, y, z.

Soit OV un vecteur de grandeur V (fig. 3) défini par l'angle γ qu'il fait avec le plan x_1y_1 et par l'angle β que sa projection sur ce plan fait avec la ligne des nœuds OA. Les coordonnées de son extrémité par rapport aux axes fixes sont :

$$(4)\begin{cases} x = V[\cos\gamma\cos\beta\cos\psi - (\cos\gamma\sin\beta\cos\theta - \sin\gamma\sin\theta)\sin\psi], \\ y = V[\cos\gamma\cos\beta\sin\psi + (\cos\gamma\sin\beta\cos\theta - \sin\gamma\sin\theta)\cos\psi], \\ z = V[\qquad\qquad \cos\gamma\sin\beta\sin\theta + \sin\gamma\cos\theta]. \end{cases}$$

[1] Employées surtout en astronomie. On les retrouve facilement en passant des axes x_1, y_1, z_1 aux axes x, y, z par l'intermédiaire des deux systèmes ABz_1 et $AB'z$, de manière à avoir toujours une coordonnée commune et à n'avoir à faire qu'un changement de coordonnée rectangulaire et plane.

Soient maintenant V la grandeur de la vitesse du centre de gravité à l'instant t, γ l'angle d'attaque et β l'angle de sa projection sur $x_1 y_1$ avec la ligne des nœuds ; les for-

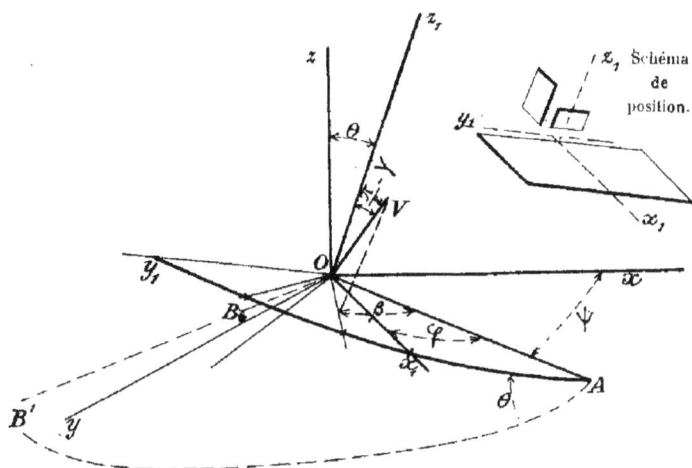

Fig. 3.

mules (4), dans lesquelles on changera γ en $-\gamma$, nous donneront les projections de la vitesse et, pour avoir les accélérations, il suffira de différentier une fois :

$$(5) \begin{cases} \dfrac{d^2x}{dt^2} = \dfrac{d}{dt}\left[V\left(\cos\gamma\cos\beta\cos\psi - (\cos\gamma\sin\beta\cos\theta + \sin\gamma\sin\theta)\sin\psi\right)\right], \\[2mm] \dfrac{d^2y}{dt^2} = \dfrac{d}{dt}\left[V\left(\cos\gamma\cos\beta\sin\psi + (\cos\gamma\sin\beta\cos\theta + \sin\gamma\sin\theta)\cos\psi\right)\right], \\[2mm] \dfrac{d^2z}{dt^2} = \dfrac{d}{dt}\left[V\left(\cos\gamma\sin\beta\sin\theta - \sin\gamma\cos\theta\right)\right]. \end{cases}$$

D'un autre côté, dans le système x_1, y_1, z_1, les cosinus directeurs de la vitesse avec les trois axes sont respectivement :

$$\cos\gamma\cos(\beta-\varphi), \qquad \cos\gamma\sin(\beta-\varphi), \qquad -\sin\gamma.$$

Ces trois axes étant les normales aux trois plans s, σ

et S, les expressions précédentes sont précisément les sinus des angles d'incidence de la vitesse avec ces trois plans, et les grandeurs des trois résistances seront :

$$kSV^2 \sin\gamma, \quad ksV^2 \cos\gamma\cos(\beta-\varphi), \quad k\sigma V^2 \cos\gamma\sin(\beta-\varphi).$$

Il faut maintenant, pour avoir leurs projections X, Y, Z, les multiplier par les cosinus convenables.

La résistance due à S s'exerce suivant les x_1 positifs ; faisons donc, dans les formules (4) de transformation, $V=1$, $\beta=\varphi$ et $\gamma=\dfrac{\pi}{2}$: nous aurons, en multipliant par $kSV^2 \sin\gamma$:

$$X_s = + kSV^2 \sin\gamma \sin\theta \sin\psi,$$
$$Y_s = - kSV^2 \sin\gamma \sin\theta \cos\psi,$$
$$Z_s = + kSV^2 \sin\gamma \cos\theta.$$

De même, la résistance due à s s'exerçant suivant les x_1 négatifs, on n'a qu'à faire dans les formules (4) :

$$V=1, \qquad \gamma=0, \qquad \beta=\varphi+\pi$$

et à multiplier par $ksV^2 \cos\gamma\cos(\beta-\varphi)$:

$$X_s = - ksV^2 \cos\gamma \cos(\beta-\varphi)(\cos\varphi\cos\psi-\sin\varphi\cos\theta\sin\psi),$$
$$Y_s = - ksV^2 \cos\gamma \cos(\beta-\varphi)(\cos\varphi\sin\psi+\sin\varphi\cos\theta\cos\psi),$$
$$Z_s = - ksV^2 \cos\gamma \cos(\beta-\varphi)\sin\varphi\sin\theta.$$

Enfin, la résistance due à σ s'exerce suivant les y_1 négatifs ; faisons donc dans les formules (4) :

$$V=1, \qquad \gamma=0, \qquad \beta=-\dfrac{\pi}{2}+\varphi,$$

et nous trouvons :

$$X_\sigma = + k\sigma V^2 \cos\gamma \sin(\beta-\varphi)(\sin\varphi\cos\psi+\cos\varphi\cos\theta\sin\psi),$$
$$Y_\sigma = + k\sigma V^2 \cos\gamma \sin(\beta-\varphi)(\sin\varphi\sin\psi-\cos\varphi\cos\theta\cos\psi),$$
$$Z_\sigma = - k\sigma V^2 \cos\gamma \sin(\beta-\varphi)\cos\varphi\sin\theta.$$

Remarquons immédiatement que ces expressions ne sont que les parties principales des résistances elles-mê-

mes, car elles supposent que les rotations sont nulles.
En général, dans l'état initial et final, elles sont nulles, et
nous supposerons qu'elles restent petites; nous les négli-
gerons dans une première approximation, mais il faudra
finalement les introduire.

Ce que ces termes supplémentaires ont de particulier,
c'est qu'ils sont proportionnels à la simple vitesse et non
plus au carré. Ils font sentir leur action surtout pour les
parties éloignées du centre de gravité et s'exercent en
sens inverse de la rotation produite. Il y a là un effet
heureux qui explique l'influence stabilisatrice des
queues([1]).

---

(1) *N. B.* — Voici la manière d'établir ces termes supplémentaires. Considérons la rotation de la surface S autour de Gy_1.

A la vitesse de translation qui a pour projections :

$$V \cos \gamma \cos (\beta - \varphi), \qquad V \cos \gamma \sin (\beta - \varphi), \qquad - V \sin \gamma,$$

il faut ajouter la vitesse de rotation qui a pour projections :

$$qH, \qquad 0, \qquad - qx_1,$$

au point de coordonnées x_1 et $z_1 = H$ d'un élément $E dx_1$.

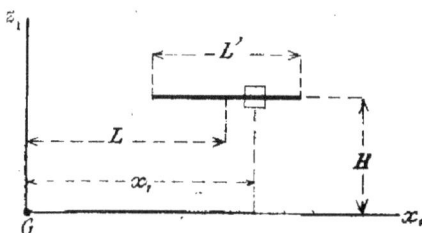

Fig. 4.

Donc le carré de la vitesse résultante est :

$$V_1^2 = [V \cos \gamma \cos (\beta - \varphi) + qH]^2 + V^2 \cos^2 \gamma \sin^2 (\beta - \varphi) + (V \sin \gamma + q x_1)^2$$

En supposant que q reste petit,

$$V_1 = V + qH \cos \gamma \cos (\beta - \varphi) + q x_1 \sin \gamma.$$

D'un autre côté, le cosinus directeur de cette vitesse résultante avec
l'axe Gz_1 nous donne le sinus du nouvel angle d'attaque

$$V_1 \sin \gamma_1 = V \sin \gamma + q x_1.$$

Enfin, pour avoir les projections de la force propulsive, il suffit, dans les formules de transformation (4), de faire :

$$V = F, \qquad \gamma = \omega \qquad \text{et} \qquad \beta = \varphi.$$

On a ainsi :

$$X_F = F\left[\cos\omega\,\cos\varphi\,\cos\psi - (\cos\omega\,\sin\varphi\,\cos\theta - \sin\omega\,\sin\theta)\sin\psi\right],$$
$$Y_F = F\left[\cos\omega\,\cos\varphi\,\sin\psi + (\cos\omega\,\sin\varphi\,\cos\theta - \sin\omega\,\sin\theta)\cos\psi\right],$$
$$Z_F = F\left[\cos\omega\,\sin\varphi\,\sin\theta + \sin\omega\,\cos\theta\right].$$

Quant aux moments, il n'y a que la résistance due au plan σ qui puisse faire tourner l'aéroplane autour de Ox_1 et Oz_1 ; on a donc, en se reportant au tableau des caractéristiques (fig. 2) :

$$L = \eta k \sigma V^2 \cos\gamma \sin(\beta - \varphi) \quad \text{et} \quad N = -\lambda k \sigma V^2 \cos\gamma \sin(\beta - \varphi).$$

La résistance due à S, celle de s et la force propulsive pouvant faire tourner l'aéroplane autour de y_1, on a, en observant le sens de la rotation :

$$M = -\left[kSV^2\sin\gamma\,(a - b\sin\gamma) + hksV^2\cos\gamma\cos(\beta - \varphi) + Ff\right].$$

De sorte que nous sommes en mesure maintenant d'écrire le système complet des neuf équations.

En multipliant conformément à l'hypothèse admise :

$$V_1^2 \sin\gamma_1 = V^2 \sin\gamma + qHV\cos\gamma\sin\gamma\cos(\beta - \varphi) + x_1(qV\sin^2\gamma + Vq),$$

multipliant par $kEdx_1$ et intégrant tout le long de L' :

$$kSV_1^2\sin\gamma_1 = kSV^2\sin\gamma + kSVqH\sin\gamma\cos\gamma\cos(\beta - \varphi) + kSVLq(1 + \sin^2\gamma).$$

En étudiant de la même façon la rotation de cette surface autour de x_1, on verrait qu'il faut ajouter au terme connu $kSV^2\sin\gamma$, pour tenir compte des rotations, les accroissements :

$$-p\,.\,kSV\,.\,H\cos\gamma\sin(\beta - \varphi) + q\,.\,kSV\left[H\sin\gamma\cos\gamma\cos(\beta - \varphi) + L(1 + \sin^2\gamma)\right],$$

expression proportionnelle à la simple vitesse et aux coordonnées du centre de figure de la surface par rapport au centre de gravité.

On a :

$$(6)\begin{cases} \dfrac{d^2x}{dt^2} = +g\,\dfrac{kSV^2}{P}\sin\gamma\sin\theta\sin\psi \\ \qquad -g\,\dfrac{ksV^2}{P}\cos\gamma\cos(\beta-\varphi)(\cos\varphi\cos\psi-\sin\varphi\sin\psi\cos\theta) \\ \quad +g\,\dfrac{k\sigma V^2}{P}\cos\gamma\sin(\beta-\varphi)(\sin\varphi\cos\psi+\cos\varphi\sin\psi\cos\theta)+\dfrac{g}{P}X_{\nu}, \\ \dfrac{d^2y}{dt^2} = -g\,\dfrac{kSV^2}{P}\sin\gamma\sin\theta\cos\psi \\ \qquad -g\,\dfrac{ksV^2}{P}\cos\gamma\cos(\beta-\varphi)(\cos\varphi\sin\psi+\sin\varphi\cos\psi\cos\theta) \\ \quad +g\,\dfrac{k\sigma V^2}{P}\cos\gamma\sin(\beta-\varphi)(\sin\varphi\sin\psi-\cos\varphi\cos\psi\cos\theta)+\dfrac{g}{P}Y_{\nu}, \\ \dfrac{d^2z}{dt^2}=-g+g\,\dfrac{kSV^2}{P}\sin\gamma\cos\theta-g\,\dfrac{ksV^2}{P}\cos\gamma\cos(\beta-\varphi)\sin\theta\sin\varphi \\ \qquad -g\,\dfrac{k\sigma V^2}{P}\cos\gamma\sin(\beta-\varphi)\sin\theta\cos\varphi+\dfrac{g}{P}Z_{\nu}. \end{cases}$$

$$(7)\begin{cases} A\dfrac{dp}{dt}+(C-B)qr=\eta k\sigma V^2\cos\gamma\sin(\beta-\varphi), \\ B\dfrac{dq}{dt}+(A-C)rp=-[kSV^2\sin\gamma(a-b\sin\gamma) \\ \qquad\qquad +hksV^2\cos\gamma\cos(\beta-\varphi)+Ff], \\ C\dfrac{dr}{dt}+(B-A)pq=-\lambda k\sigma V^2\cos\gamma\sin(\beta-\varphi). \end{cases}$$

et les trois relations (3).

Cela fait un problème du neuvième ordre, contenant neuf données initiales, savoir : les trois angles de position θ_0, ψ_0, φ_0, leurs vitesses et les trois constantes déterminant la vitesse initiale V_0, β_0, γ_0.

PREMIÈRES CONSÉQUENCES RELATIVES A L'AÉROPLANE SANS MOTEUR

Si dans ces équations nous faisons :

$$F=0,\qquad \beta=\varphi=\frac{\pi}{2},\qquad \psi=-\frac{\pi}{2},$$

nous obtiendrons le mouvement, dans le cas où l'aéroplane sans moteur ne sort pas du plan de symétrie, cas qui a été le seul considéré jusqu'ici.

Même dans ce cas plus simple, les trois équations du mouvement qui restent ne s'intègrent pas par les moyens classiques.

Il faut donc développer lourdement en série ou opérer un mouvement tournant. Nous avons pensé qu'il se passait probablement le même phénomène qui se présente pour le parachute ordinaire, dont l'équation différentielle est :

$$\frac{d^2z}{dt^2} = g - g\,\frac{k\mathrm{S}}{\mathrm{P}}\left(\frac{dz}{dt}\right)^2$$

et qui s'intègre par :

$$z = \sqrt{\frac{\mathrm{P}}{k\mathrm{S}}}\,t - \frac{\mathrm{P}}{gk\mathrm{S}}\,\mathrm{L}2 + \frac{\mathrm{P}}{gk\mathrm{S}}\,\mathrm{L}\left(1 + e^{-2gt\sqrt{\frac{k\mathrm{S}}{\mathrm{P}}}}\right).$$

On voit qu'au bout d'un temps infini le mouvement devient uniforme. C'est déjà fort bien; mais ce qui est imprévu, c'est que ce temps, théoriquement infini, se réduit pratiquement à quelques dixièmes de seconde! En effet, dès que t est $> \dfrac{1}{2g}\sqrt{\dfrac{\mathrm{P}}{k\mathrm{S}}}$, l'exposant de l'exponentielle négative est plus grand que l'unité et elle s'évanouit avec la plus grande rapidité[1].

S'il pouvait y avoir quelque chose d'analogue dans la trajectoire de l'aéroplane, cela supprimerait toutes les difficultés de l'intégration, car le mouvement devenant uniforme,

$$\frac{d^2x}{dt^2} = \frac{d^2y}{dt^2} = \frac{d^2z}{dt^2} = \frac{dp}{dt} = \frac{dq}{dt} = \frac{dr}{dt} = 0;$$

les équations (7) donnent pour V, γ et $\beta - \varphi$ des constantes qui, portées dans le système (6), donnent pour θ, φ

---

[1] Pour $\dfrac{\mathrm{P}}{\mathrm{S}} \parallel 7$, $k = 0{,}13$ et $t = 0{,}3$, l'exposant est déjà plus grand que l'unité.

et ψ des constantes aussi, lesquelles par les équations (3) annulent les rotations p, q, r, de sorte que le système (7) accuse $\beta = \varphi$ et le système (6) $\varphi = \dfrac{\pi}{2}$, $\psi =$ constante indéterminée : la trajectoire est une ligne droite.

Or cette hypothèse était juste ; la confirmation théorique nous en a été fournie grâce à l'*Intermédiaire des mathématiciens,* par M. Maillet, ingénieur des ponts et chaussées, qui a recherché les solutions asymptotiques des deux équations de la trajectoire dans le cas du non-tangage, et la confirmation expérimentale nous a été donnée par l'idée que nous avons eue de matérialiser la trajectoire.

Pour cela, nous avons pensé d'abord au cinématographe. Des repères de distance et de hauteur soigneusement mesurés dans le champ auraient permis de retrouver la trajectoire par points, au moyen d'une simple épure de perspective, et, de plus, un pendule en mouvement quelque part eût donné tout naturellement l'heure du passage dans chaque cliché. Malheureusement, le pendule s'est obstiné à rester invisible et la machine volante est toujours sortie du champ très limité de l'instrument. La pellicule a donc été perdue, mais il en est résulté un effet inattendu. Comme l'aéroplane sort du champ, on peut coller la pellicule bout à bout et faire tourner indéfiniment. On voit alors s'avancer majestueusement un aéroplane, puis un deuxième, un troisième, etc., et l'on s'imagine voir passer l'escadrille volante que nous avons hâte de commander, marchant au plus près de l'horizontale et en ligne de file ([1]).

La deuxième idée que nous avons eue pour matérialiser la trajectoire a été de faire faire un cadre garni de toile métallique avec un œilleton placé à distance connue en avant. Un observateur tenant un bout de craie à la

---

([1]) Voir figure 4 *bis* quelques photographies de cette pellicule, que l'on pourra faire tourner dans un kinétoscope après les avoir découpées.

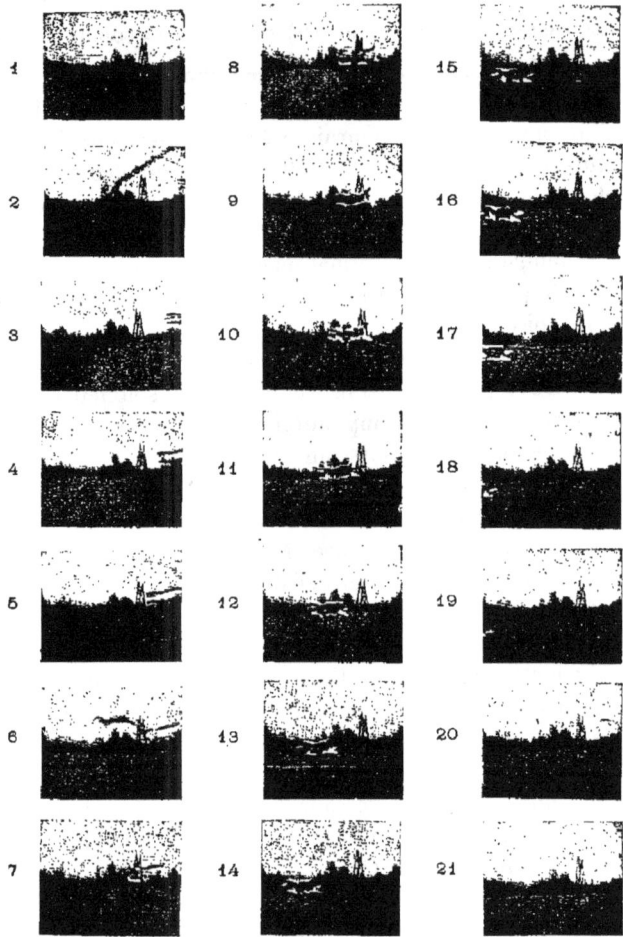

Fig. 4 *bis*.

main suit l'aéroplane à travers la toile métallique et ins-
crit ainsi une perspective de la trajectoire([1]). Ce procédé
meilleur ne nous donnait cependant pas les temps et
était assez difficile à appliquer. La trajectoire semblait
souvent être une ligne droite — mais était-ce réellement une ligne droite? — En dernier lieu seulement,
nous avons fait prendre des clichés pendant le vol, en
ayant l'obturateur constamment ouvert: l'aéroplane laisse
en passant une trace floue qui est la trajectoire.

Les photographies ci-après (fig. 5, 6 et 7) montrent
que, dans certains cas, elle peut être rigoureusement une
ligne droite; quand il y a des inflexions, c'est que le
gouvernail de profondeur est intervenu ([2]).

On a donc le droit de considérer dans un planeur le
cas particulier du mouvement uniforme. Les équations
se réduisent alors à :

$$\begin{cases} kSV^2 \sin\gamma = P\cos\theta, \\ ksV^2 \cos\gamma = -P\sin\theta, \\ kSV^2 \sin\gamma\,(a - b\sin\gamma) + hksV^2\cos\gamma = 0, \end{cases}$$

que l'on peut d'ailleurs établir directement en considérant la figure 8 faite avec un angle θ négatif, afin qu'un
équilibre soit possible.

La troisième équation qui est celle des moments donne
γ, car V disparaît. — Il en résulte :

Conséquence I. — Quand un aéroplane sans moteur décrit
une trajectoire rectiligne, son angle d'attaque est constant et
indépendant de la vitesse. L'aviateur est maître de l'angle
d'attaque de deux manières différentes : par la répartition des
poids qui influence le coefficient a ([3]) et par la manœuvre d'un
gouvernail de profondeur qui modifie s.

---

(1) Voir *Revue d'Artillerie*, août 1905, t. 66, p. 317.
(2) Ce sont les expériences faites en 1890 à Capri par M. Bazin qui ont
appelé mon attention sur la possibilité des trajectoires en ligne droite.
(3) En conséquence, à bord d'un aéroplane, on ne doit pas changer de
position sans l'autorisation du capitaine. Il est probable qu'il en est de
même à bord d'un sous-marin.

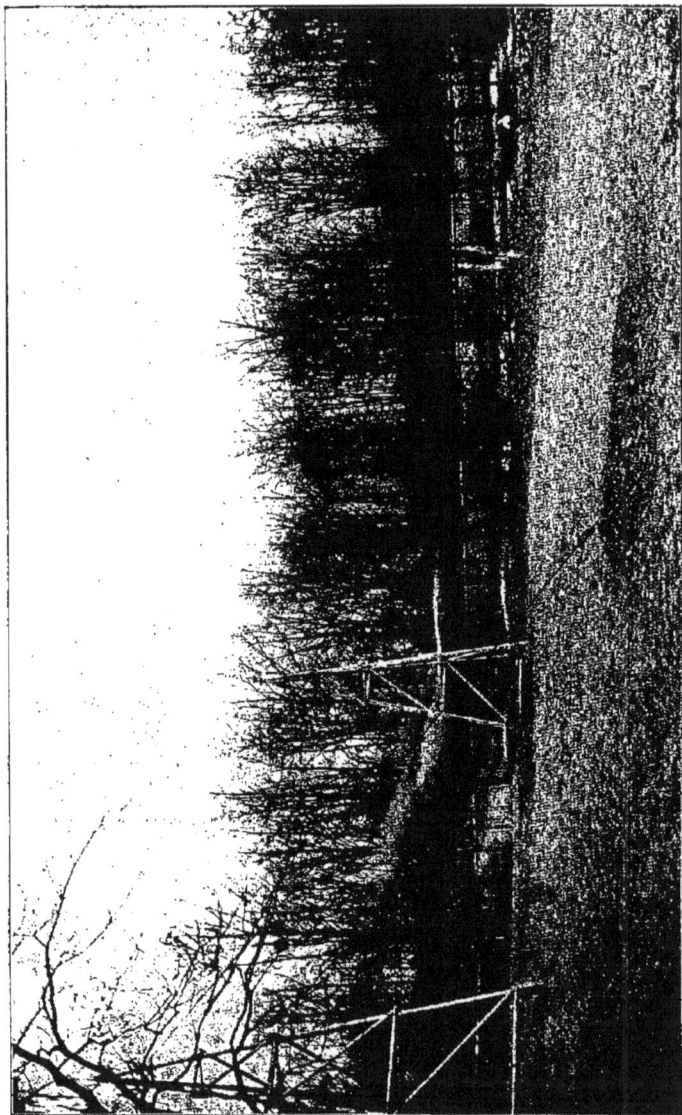

Fig. 5. — Cliché d'une trajectoire mauvaise comme portée, mais bien caractéristique comme ligne droite.

Fig. 6. — Autre trajectoire présentant un point d'inflexion.

Au début, le gouvernail avait déterminé un trop grand angle d'attaque qui a été rectifié en cours de route : de là le point d'inflexion.

Fig. 7. — Autre trajectoire plus longue et droite.

Le même résultat peut s'appliquer à l'aéroplane à moteur à condition de faire $f = 0$, c'est-à-dire de faire pas-

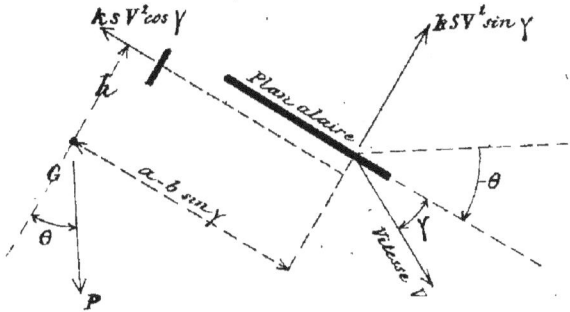

Fig. 8.

ser l'axe du propulseur par le centre de gravité.

Soit $\alpha = \theta - \gamma$ la pente de la trajectoire, c'est-à-dire la route réelle que suit l'aéroplane [1], on a par division des deux premières équations :

$$\frac{s}{S} = - \operatorname{tg}(\alpha + \gamma)\operatorname{tg}\gamma.$$

L'angle α doit être négatif.

La trajectoire est donc descendante. De plus :

Conséquence II. — La pente de la trajectoire varie dans le même sens que le rapport de la surface nuisible à la surface portante [2].

C'est ce qui oblige à faire une guerre incessante aux agrès inutiles.

On connaît dans ces équations P, S, α, mesurables sur

---

[1] L'aviateur, lui, ne la connaît pas, il ne constate au moyen du pendule ou du niveau que θ, inclinaison de l'axe de l'aéroplane, qui est ainsi la route « apparente ». À bord d'un bateau, le pilote aussi ne constate qu'une route apparente, qui est l'angle de la quille avec le nord.

[2] Cette conséquence a été donnée en 1871 à la fois par Pénaud et par le colonel Renard.

le terrain ou sur la photographie, et V la vitesse uniforme que l'on peut chronométrer.

Il reste donc comme inconnues k, s, γ. Pour les obtenir, remarquons que nous sommes maître de l'angle d'attaque; on peut donc prendre le meilleur[1], c'est-à-dire celui qui permet d'aller le plus loin possible.

En différentiant, on trouve :

$$\alpha = -\, 2\,\gamma \qquad \text{et} \qquad \operatorname{tg} \gamma = \sqrt{\frac{s}{S}}.$$

Conséquence III. — Le meilleur angle d'attaque est la moitié de l'angle de la pente, qui donne le plus long trajet.

L'angle d'attaque étant connu, on trouve facilement s et k par les formules $\dfrac{s}{S} = \operatorname{tg}^2 \gamma$ et $k = \dfrac{P}{SV^2 \operatorname{tg} \gamma}$. Or, dans une série de soixante parcours exécutés avec l'aéroplane n° 5 (135 kg et 30 m²), de septembre 1904 à février 1905, nous tendons vers un maximum de 50 m de portée[2],

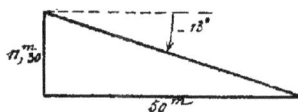

$$2\,\gamma = -\,\alpha = 13^\circ$$
$$\gamma = 6^\circ 30'.$$
$$k = \frac{P}{SV^2 \operatorname{tg} \gamma}$$

Fig. 9.

pour $11^m,30$ de chute (fig. 9), avec une vitesse de $7^m,50$ par seconde. Il en résulte une pente de 13° et par conséquent un angle d'attaque de 6° 30′; avec cela on trouve :

Conséquence IV. — Le coefficient de la résistance de l'air mesuré au moyen de l'aéroplane n° 5 est de 0,7.

Ce résultat paraîtra peut-être imprévu, mais nous le

---

[1] C'est Pénaud et le colonel Renard qui ont signalé les premiers l'existence d'un angle d'attaque *optimum*.
[2] Maximum mesuré : $48^m,50$.

soupçonnions depuis longtemps[1]. Il fallait évidemment, pour expliquer le vol, que le coefficient de la résistance de l'air fût plus grand que la valeur expérimentale 0,07 ou même que le vieux coefficient empirique 0,13 et, en fait, il est *dix* fois plus grand que le premier [2].

Dès que ce résultat m'a été confirmé par les expériences des autres aviateurs, j'ai pu présenter à l'Académie des sciences (C. R., 25 mars 1907) le pseudothéorème suivant qui restera évidemment de mon œuvre parce qu'il met la pratique d'accord avec la théorie et signale aux inventeurs l'excellence du type aéroplane :

On est tenté d'énoncer le théorème : Qu'une surface se meuve orthogonalement ou presque tangentiellement à sa trajectoire, la résistance que l'air lui oppose est la même.

En effet, un plan S se mouvant orthogonalement avec une vitesse V éprouve une résistance kSV^2 où k, d'après les plus récents expérimentateurs (Canovetti), est égal à 0,07 ; d'un autre côté une surface d'aéroplane S se mouvant avec une vitesse V et un angle d'attaque $\gamma = 6°$ environ éprouve une résistance $kSV^2 \sin \gamma$ où $k = 0,7$ et $\sin \gamma = 0,1$, c'est-à-dire qu'elle est la même que précédemment : $0,07\, S V^2$.

Nous allons encore tirer de ces expériences un dernier résultat relatif à la courbure des surfaces. En 1902, pour économiser du poids et du travail, nous n'avions pas mis de nervures à nos toiles, fixées seulement aux extrémités. Nous pensions qu'il se produirait une courbure et que,

---

(1) Voir la *Revue d'Artillerie* de mars 1904, p. 422.

(2) Nous croyons d'ailleurs que cette valeur n'est pas encore le maximum de ce coefficient. Avec les mêmes chiffres, on trouve pour $s = 0^{m2},40$: ce qui paraît un peu faible ; mais il faut remarquer que s est une surface fictive. Pour trouver la surface réelle, il faut multiplier par 8, qui est le rapport des coefficients 0,7 et 0,085, car, cette surface se déplaçant presque orthogonalement, il faut lui appliquer le coefficient ordinaire ou peut-être même la loi du sinus carré. Dans tous les cas, il n'y a là qu'un intérêt de curiosité, car l'expérience donne un chiffre fictif et celui-là suffit.

tout étant harmonieux, ce serait une « bonne » courbure.

Effectivement, quand l'aéroplane recevait bien le vent,
il se produisait une courbure bien régulière et, par sy-

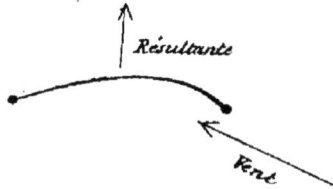

Fig. 10.

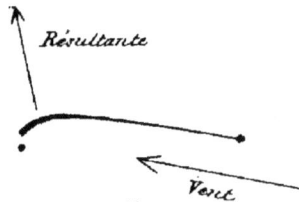

Fig. 11.

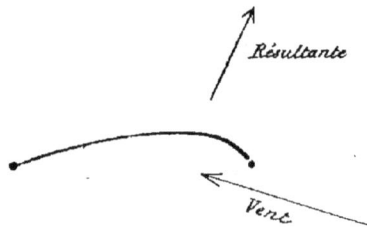

Fig. 12.

métrie, la résultante devait être normale au milieu
(fig. 10); mais, quand l'angle d'attaque diminuait, il se
formait une poche à l'arrière et il paraissait évident que
la résultante se portait en arrière pour retarder le mou-

vement et détruire l'équilibre (fig. 11). De là à penser
que si l'on pouvait forcer cette poche à se trouver toujours en avant, la résultante s'inclinerait également en
avant (fig. 12), il n'y avait qu'un pas et il fut franchi.
Nous avons adopté une courbe ayant 1/15 de flèche, le
maximum étant à 1/3 du bord avant. Il était intéressant
de savoir si cette hypothèse était juste et de combien; or
cela est possible. La photographie va nous donner une
valeur de θ, le calcul une autre, la différence nous donnera la variation de la résultante.

Nous continuerons à désigner par θ l'inclinaison de
l'axe de l'aéroplane (fig. 13) en faisant passer cet axe par
la corde du profil de la courbe.

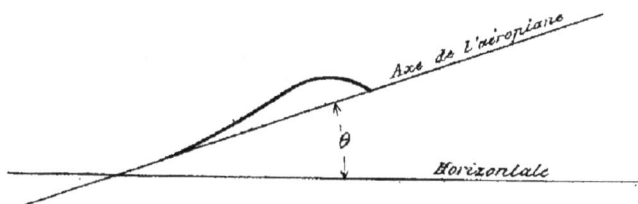

Fig. 13.

Les deux photographies ci-après (fig. 14 et 15) sont
prises simultanément du même point; l'une représente
la trajectoire, l'autre l'appareil en un point de cette trajectoire. Il n'a pas quitté le plan de tir. Des piquets plan-
tés de 10 m en 10 m sur la ligne de tir sont représentés
également. On peut, avec la plus grande facilité, reporter
sur l'instantané de l'appareil la trajectoire donnée par
l'autre cliché. Cela fait, on a tracé la tangente à la trajectoire et prolongé la direction bien nette de la queue
de l'aéroplane (fig. 16). Ces deux droites rencontrent la
ligne de tir au même point (1) dont on peut avoir la dis-

_____

(1) Cela n'est pas étonnant, étant donné que la queue doit avoir une tendance à rester dans la direction de la vitesse.

Fig. 14.

Fig. 15.

Coordonnées du point A $\begin{cases} x = -0,36. \\ z = 7,38. \end{cases}$

Coordonnées du point B $\begin{cases} x = 26,65. \\ z = 0,33. \end{cases}$

Formule $S = \dfrac{s}{60} = -\operatorname{tg}\varphi\,\operatorname{tg}\gamma$.

$\gamma = 110°$.

Tg (inclinaison de AB) $= \dfrac{7,65}{27,01}$.

Inclinaison de AB $= -14°40'$.
Inclinaison de la corde $= -3°40'$.

$\operatorname{Tg}\varphi = -0,088.$ $\theta = -4°55'.$

Inclinaison de la normale à la corde $= 86°20'$.

$\dfrac{\pi}{2} + \theta =$ inclinaison de la résultante $= 85° 5'$.

Différence $= 1°15'$.

Normale à la corde

Résultante de la résistance de l'air calculée

Inclinaison de la corde de l'arc de la courbe

Inclinaison de la queue et de la tangente à la trajectoire

Terrain

Horizontale

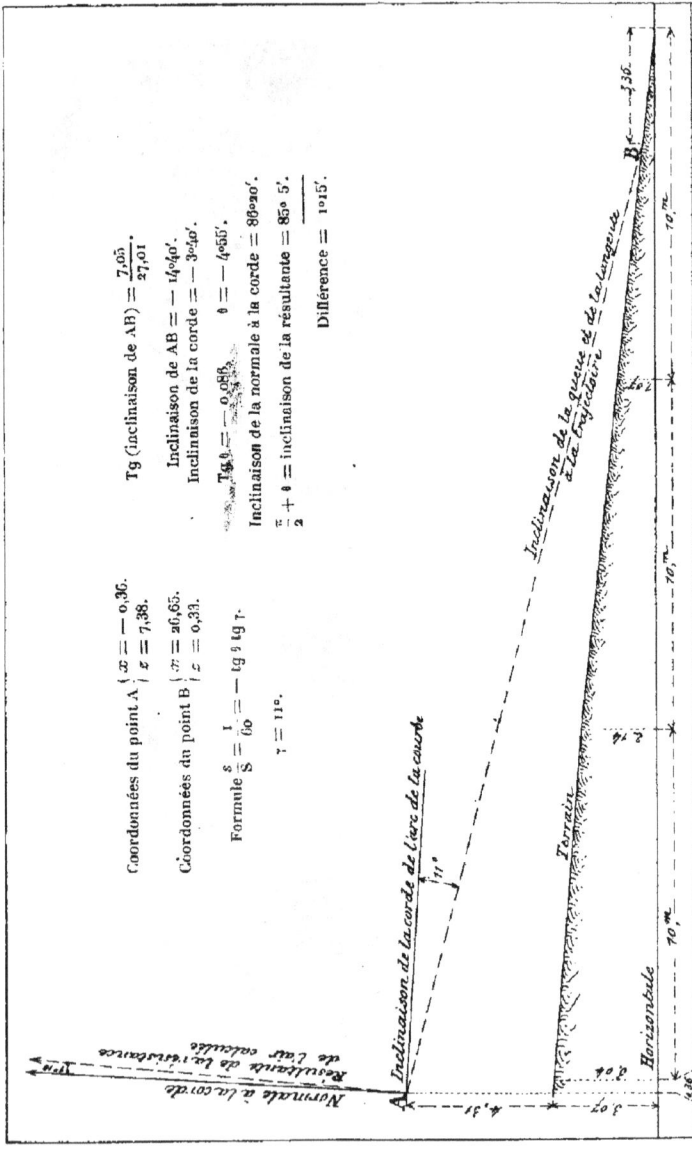

Fig. 16. — Représentation graphique des données photographiques. (Échelle 5 mm pour 1 m.)

tance grâce aux piquets de repère. D'autre part, l'origine
de cette droite se trouve en un point de l'appareil connu
que l'on peut rattacher à une verticale dont on trouve le
pied sur la ligne de tir et la hauteur grâce à ce fait que
la distance entre les deux plans sustentateurs est de
2 m.

Il en résulte l'épure (fig. 16) qui donne aussi le tableau du calcul. L'inclinaison de la corde sur la ligne de
la queue (¹) étant à ce moment de 11°, il est facile de la
reporter sur l'épure.

Si la flèche de la surface s'annulait, la résistance de
l'air serait normale à cette corde.

D'autre part, la formule $\dfrac{s}{S} = - \operatorname{tg} \theta \operatorname{tg} \gamma$ où $\dfrac{s}{S}$ vaut $\dfrac{1}{60}$

et $\gamma = 11°$ nous donne un θ qui reporte la résultante de
la résistance de l'air à 1°15′ en avant. Donc :

Conséquence V. — La résultante fournie par une courbe ayant
1/15 de flèche maximum, cette flèche étant en avant au 1/3 de
la largeur, est inclinée sur la perpendiculaire à la corde de la
courbe de 1°15′ sur l'avant.

C'est Lilienthal qui a le premier fait des mesures pré-
cises sur ce phénomène; mais il trouve un résultat plus
encourageant, car l'inclinaison vers l'avant que donnent
ses tables serait dans ce cas de plus du double. Il est vrai
que sa courbure est plus prononcée. A notre avis, il faut
profiter de cette conséquence aujourd'hui, car nous tra-
vaillons par prudence avec des vitesses faibles; mais dès
qu'on atteindra les vitesses formidables de 20 m, 30 m à la
seconde et plus, que les aviateurs sont en droit d'espérer,
il faudra revenir aux faibles courbures pour diminuer s à
tout prix.

---

(1) Elle a été ramenée depuis, pour diminuer l'angle d'attaque, à 6°.

CONSÉQUENCES RELATIVES
A L'AÉROPLANE PROPULSÉ

Continuons à considérer le cas du mouvement uniforme, mais en tenant compte de la force propulsive F. Les équations deviennent ([1]) :

$$0 = -P + kSV^2 \sin\gamma \cos\theta - ksV^2 \cos\gamma \sin\theta + F \sin(\theta+\omega),$$
$$0 = -kSV^2 \sin\gamma \sin\theta - ksV^2 \cos\gamma \cos\theta + F \cos(\theta+\omega).$$

Éliminant d'abord V, il vient :

$$\frac{P - F\sin(\theta+\omega)}{F\cos(\theta+\omega)} = \frac{\operatorname{tg}\gamma - \dfrac{s}{S}\operatorname{tg}\theta}{\operatorname{tg}\gamma\operatorname{tg}\theta + \dfrac{s}{S}}.$$

Il semble naturel de remplacer le rapport connu $\dfrac{s}{S}$ par

---

([1]) Ces équations peuvent naturellement être écrites immédiatement en con-

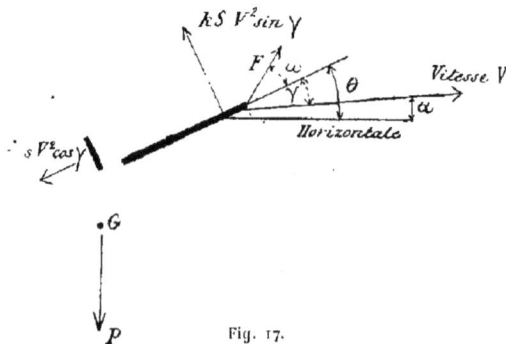

Fig. 17.

sidérant la figure ci-jointe et en projetant sur la verticale et sur l'horizontale.

sa valeur $tg^2 \gamma_1$, γ_1 étant l'angle d'attaque le meilleur pour l'aéroplane sans moteur [1], et cela nous amène à poser :

$$tg\,\gamma = tg^2\,\gamma_1\,cotg\,\gamma',$$

de manière que pour $\gamma = \gamma_1$ on ait

$$\gamma' = \gamma_1 = \gamma.$$

On obtient alors sans difficulté :

$$F = \frac{P\,\sin(\theta + \gamma')}{\cos(\omega - \gamma')} \qquad \text{ou} \qquad = \frac{P\,\sin(\alpha + \gamma + \gamma')}{\cos(\omega - \gamma')},$$

en introduisant $\alpha = \theta - \gamma$ route réelle à la place de θ route apparente. On a ensuite :

$$V^2 = \frac{P}{kS}\,\frac{\cos(\omega + \gamma + \alpha)}{tg^2\,\gamma_1\,\dfrac{\cos\gamma}{\sin\gamma'}\,\cos(\gamma' - \omega)}.$$

Pour simplifier ces formules un peu compliquées, nous allons résoudre la question suivante :

Quel est l'angle d'attaque γ et l'angle ω de la poussée qui, pour une route donnée, rendent minimum la poussée F ?

On a en dérivant :

$$\frac{dF}{d\omega} = P\,\frac{\sin(\gamma + \gamma' + \alpha)\,\sin(\omega - \gamma')}{\cos^2(\omega - \gamma')} = 0,$$

---

[1] On peut aussi, en remarquant que les angles sont très petits, écrire

$$\gamma = \frac{\gamma_1^2}{\gamma'} \qquad F = P(\alpha + \gamma + \gamma') \qquad \text{et} \qquad V^2 = \frac{P}{kS\,\gamma}$$

d'où l'on tire en profitant de $\gamma_1^2 = \dfrac{s}{S}$ une formule de la poussée

$$F = P\alpha + \frac{P^2}{kS\,V^2} + ks\,V^2$$

et aussi du travail nécessaire

$$\mathcal{C} = PV\,\alpha + \frac{P^2}{kS\,V} + ks\,V^3.$$

(Ces formules ont été données par le colonel Renard en 1889.)

d'où $\omega = \gamma'$, car $\gamma + \gamma' + \alpha = 0$ donne $F = 0$ qui ne convient pas.

$$\frac{dF}{d\gamma} = P\frac{\cos(\omega-\gamma')\cos(\gamma+\gamma'+\alpha)\left(1+\frac{d\gamma'}{d\gamma}\right)-\sin(\omega-\gamma')\frac{d\gamma'}{d\gamma}\sin(\gamma+\gamma'+\alpha)}{\cos^2(\omega-\gamma')} = 0$$

$$\frac{d\gamma'}{d\gamma} = -\frac{1}{\mathrm{tg}^2\gamma_1}\frac{\sin^2\gamma'}{\cos^2\gamma}.$$

En remplaçant ω par γ' et $\frac{d\gamma'}{d\gamma}$ par sa valeur tirée de la définition de γ', il vient :

$$\frac{dF}{d\gamma} = \cos(\gamma+\gamma'+\alpha)\left(1-\frac{\sin^2\gamma'}{\cos^2\gamma\,\mathrm{tg}^2\gamma_1}\right) = 0 ;$$

$\gamma + \gamma' + \alpha = \frac{\pi}{2}$ donne $P = F$ et ne convient pas ; il reste

$$\cos\gamma\,\mathrm{tg}\,\gamma_1 = \pm\sin\gamma'$$

qui, rapproché de $\mathrm{tg}\,\gamma = \mathrm{tg}^2\gamma_1\cot\gamma'$, donne comme seule solution acceptable $\gamma = \gamma'$, ce qui entraîne $\gamma = \gamma_1$, donc :

Conséquence VI. — Dans un aéroplane à moteur, l'angle d'attaque qui convient pour que la poussée soit minima est le même que celui qui donne la pente minima quand le moteur est arrêté.

On voit donc encore l'importance capitale de cet angle $\left(\text{ou mieux du rapport } \frac{s}{S}\right)$ qu'il est possible de déterminer par l'expérience avant la complication et le trouble apportés par le moteur [1].

D'un autre côté, F est minimum pour $\omega = \gamma_1$:

[1] Jusqu'à présent les divers auteurs cherchaient surtout l'angle d'attaque qui donne la sustentation avec le minimum de travail : c'est un angle $\sqrt{3}$ fois plus grand que le précédent. Il donne par conséquent une solution plus lente, et aujourd'hui que la légèreté des moteurs est acquise il ne faut s'inquiéter que d'aller aussi vite que possible. Le lieutenant Crocco (*Bolletino della Società Aeronautica*, janvier 1906-1907) nous critique même d'arriver à une solution trop lente. Il a raison, il faudra plus tard ne pas s'inquiéter du minimum de poussée ; mais il faut attendre pour cela d'avoir de la force en grand excès.

Conséquence VII. — Pour utiliser le mieux possible l'effort dont on dispose, on doit l'incliner au-dessus du plan alaire d'un angle précisément égal à l'angle d'attaque [1].

Les formules donnant l'effort de traction et la vitesse deviennent en faisant $\gamma = \gamma' = \gamma_1$:

$$F = P \frac{\sin(\alpha + 2\gamma_1)}{\cos(\omega - \gamma_1)}, \qquad V^2 = \frac{P}{kS} \frac{\cos(\omega + \gamma_1 + \alpha)}{\operatorname{tg} \gamma_1 \cos(\omega - \gamma_1)}.$$

Faisons successivement : $\omega = -\gamma_1$, $\omega = 0$, $\omega = +\gamma_1$, pour une route horizontale $\alpha = 0$, nous avons le tableau :

	$\omega = -\gamma_1$	$\omega = 0$	$\omega = \gamma$
$F =$	$P \operatorname{tg} 2\gamma_1$	$2 P \sin \gamma_1$	$P \sin 2\gamma_1$
$V^2 =$	$\dfrac{P}{kS} \dfrac{1}{\operatorname{tg}\gamma_1 \cos 2\gamma_1}$	$\dfrac{P}{kS} \dfrac{1}{\operatorname{tg}\gamma_1}$	$\dfrac{P}{kS} \dfrac{\cos 2\gamma_1}{\operatorname{tg}\gamma_1}$

Sur ce tableau on constate d'abord qu'on ne gagne, en se rapprochant du minimum de F, que la différence très faible qui existe, pour les petits angles, entre la tangente et le sinus.

De plus $\operatorname{tg} 2\gamma_1$, c'est la pente que suit l'aéroplane quand le moteur ne marche pas, il en résulte la très importante conséquence suivante :

Conséquence VIII. — L'effort nécessaire pour maintenir horizontalement un aéroplane est égal à son poids multiplié par la pente qu'il suit quand le moteur ne marche pas.

De là l'importance des expériences préalables faites sans moteur ou avec moteur représenté par du lest suivant la méthode géniale de Lilienthal.

Le tableau précédent montre que la vitesse est presque constante. En reprenant l'expression générale de la vitesse,

---

[1] Toutefois l'on gagne très peu de cette manière et l'hélice travaille mal. Il vaut mieux faire $\omega = -\gamma_1$.

dans le cas du minimum, on en comprend la cause :

$$V = \sqrt{\frac{P}{kS\,\mathrm{tg}\,\gamma_1}} \times \sqrt{\cos(2\,\gamma_1 + \alpha)},$$

ne diffère en effet de la vitesse que prend l'aéroplane sans moteur que par le facteur $\sqrt{\cos(2\,\gamma_1 + \alpha)}$ qui reste voisin de l'unité pour des routes même assez inclinées [1].

Conséquence IX. — La vitesse d'un aéroplane aux environs de l'horizontale est à peu près constante et égale à la vitesse de régime de l'aéroplane sans moteur [2].

Cela montre encore l'utilité des expériences préalables sans moteur.

Enfin, pour les courses futures, on voit la difficulté de faire croître les vitesses. En effet, le travail par seconde est égal au produit de la vitesse par l'effort de traction F, qui est lui-même proportionnel au carré de la vitesse. Le travail est donc proportionnel au cube des vitesses, de sorte que, pour doubler la vitesse, il faut avoir un moteur huit fois plus fort :

Conséquence X. — Pour doubler la vitesse d'un aéroplane donné, il faut multiplier par 8 la puissance du moteur.

Cette conséquence est semblable à celle que l'on trouve pour les bateaux [3].

---

[1] Ce facteur est encore égal à 0,9 pour un angle $2\,\gamma_1 + \alpha = 36°$, soit une route de 23° (42 p. 100) qui serait évidemment un grand maximum pour un aéroplane.

[2] Cette conséquence a été signalée par le colonel Renard et par Pénaud.

[3] Elle finira par limiter la vitesse des aéroplanes et les forcera à grossir prodigieusement.

Plusieurs aviateurs ont critiqué cette conséquence en faisant remarquer que la puissance augmentait moins vite si l'on diminuait l'angle d'attaque ou la surface. Mais il faut observer que chaque aéroplane aura un angle d'attaque limite qui mesurera son degré de finesse. L'aviateur s'établira toujours sur cet angle limite parce qu'il y aura intérêt. De même que le pilote d'un bateau à voile gouverne toujours au plus près du vent, de même l'aviateur gouvernera toujours au plus près de son vent relatif. Quant à la surface, elle ne saurait non plus être diminuée indéfiniment et les limites une fois atteintes la conséquence X agira de toute sa fâcheuse importance

STABILITÉ AUTOMATIQUE
DES AÉROPLANES

Il n'y a que les aéroplanes bien construits qui suivent au bout d'un certain temps une trajectoire rectiligne, les autres suivent des trajectoires dont le type a déjà été montré([1]); mais il serait intéressant de connaître les raisons qui font qu'un aéroplane est bien construit, c'est-à-dire les relations qui lient les caractéristiques de l'aéroplane (p. 170). Pour cela, il faut trouver ces trajectoires, et la méthode indiquée par M. Maillet permet de le faire. Au moment où nous allions appliquer cette méthode, qui est celle de la recherche des « petits mouvements », nous recevions une brochure([2]) de M. le professeur G. H. Bryan, de l'université de Bangor, où le problème est traité dans le cas de l'aéroplane ne sortant pas du plan de symétrie. Nous allons prendre les définitions de M. Bryan et faire le calcul dans le cas de l'espace, en le poussant jusqu'au bout, ce qui nous conduira à des conséquences différentes.

M. le professeur Bryan appelle stable un aéroplane qui, légèrement troublé dans son mouvement uniforme, a une tendance à y revenir.

Prenons alors l'aéroplane dans son mouvement uniforme caractérisé par les valeurs déjà considérées des variables :

$$\beta_1 = \varphi_1 = \frac{\pi}{2}, \quad \psi_1 = -\frac{\pi}{2}, \quad \sqrt{\frac{s}{S}} = \text{tg } \gamma_1, \quad p_1 = q_1 = r_1 = 0.$$

Nous laisserons la route apparente θ_1 indéterminée d'abord, afin d'embrasser tous les cas, de sorte que

$$F_1 = P \frac{\sin(\theta_1 + \gamma_1)}{\cos \gamma_1}, \qquad k S V_1^2 = P \frac{\cos \theta_1}{\sin \gamma_1}, \qquad \left(\begin{matrix} \omega = 0 \\ f = 0 \end{matrix} \right).$$

([1]) Voir p. 10, 11, 12.
([2]) *The longitudinal stability of aerial gliders*, par G. H. Bryan et W. E. Williams. *Proceedings of the Royal Society*, vol. 73, juin 1903.

Nous supposerons d'abord, dans cette première approximation et pour simplifier, que le plan nuisible se trouve à hauteur du centre de gravité de manière que $h = 0$. L'équation du moment M se réduit alors à

$$a - b \sin \gamma_1 = 0$$

et définit l'angle d'attaque une deuxième fois : cela donne une première condition entre les caractéristiques. On peut l'appeler l'équation de la « répartition des poids », car elle détermine le coefficient a qui contient la distance entre le centre de figure de l'aile et la projection du centre de gravité sur le plan alaire

$$a = b \sqrt{\frac{s}{S + s}}.$$

Supposons que ces constantes du mouvement uniforme soient légèrement troublées et posons :

$$V = V_1 + \delta V, \qquad \psi = \psi_1 + \delta \psi, \qquad p = p_1 + \delta p,$$
$$\beta = \beta_1 + \delta \beta, \qquad \varphi = \varphi_1 + \delta \varphi, \qquad q = q_1 + \delta q,$$
$$\gamma = \gamma_1 + \delta \gamma, \qquad \theta = \theta_1 + \delta \theta, \qquad r = r_1 + \delta r.$$

Remplaçons dans les neuf équations du mouvement en supprimant les carrés et les doubles produits des perturbations, ce qui revient en définitive à différentier par rapport à la caractéristique δ : il vient dans les systèmes (3), (6) et (7) en profitant des données :

$$\frac{d\delta\theta}{dt} = - \delta q, \qquad\qquad A \frac{d\delta p}{dt} = \delta L,$$

$$\sin \theta_1 \frac{d\delta\psi}{dt} = \delta p, \qquad\qquad B \frac{d\delta q}{dt} = \delta M,$$

$$\cos \theta_1 \frac{d\delta\psi}{dt} + \frac{d\delta\varphi}{dt} = \delta r, \qquad C \frac{d\delta r}{dt} = \delta N.$$

Cela permet d'éliminer immédiatement les intermédiaires p, q, r, et nous avons le système :

$$(8) \begin{cases} A \sin\theta_1 \dfrac{d^2\delta\psi}{dt^2} = \delta L = \eta k\sigma V_1^2 \cos\gamma_1 (\delta\beta - \delta\varphi), \\[2mm] B \dfrac{d^2\delta\theta}{dt^2} = -\delta M = - Pb \cos\gamma_1 \cos\theta_1\, \delta\gamma, \\[2mm] C \cos\theta_1 \dfrac{d^2\delta\psi}{dt^2} + C \dfrac{d^2\delta\varphi}{dt^2} = \delta N = -\lambda k\sigma V_1^2 \cos\gamma_1 (\delta\beta - \delta\varphi). \end{cases}$$

Quant au système (6), après l'avoir différentié par rapport à la caractéristique δ et avoir profité le plus possible des conditions du mouvement uniforme, il devient successivement :

$$(9) \begin{cases} \dfrac{d}{dt}\left[\delta V \cos(\theta_1 - \gamma_1) - V_1 \sin(\theta_1 - \gamma_1)(\delta\theta - \delta\gamma) \right] \\[2mm] \qquad = -\dfrac{2\,\delta V}{V_1} g \dfrac{\cos\theta_1 \sin(\gamma_1 + \theta_1)}{\cos\gamma_1} - g\,\delta\theta \\[2mm] \qquad\quad + g \dfrac{kS V_1^2}{P}(-\cos\gamma_1 \sin\theta_1 + \operatorname{tg}^2\gamma_1 \sin\gamma_1 \cos\theta_1)\,\delta\gamma, \\[3mm] \dfrac{d}{dt}\left[V_1 \cos\gamma_1\,\delta\beta + V_1 \cos(\theta_1 - \gamma_1)\,\delta\psi \right] \\[2mm] \qquad = -\delta\beta g \dfrac{k\sigma V_1^2}{P}\cos\gamma_1 \\[2mm] \qquad\quad + g \dfrac{kS V_1^2}{P}\left(-\operatorname{tg}^2\gamma_1 \cos\gamma_1 + \dfrac{\sigma}{S}\cos\gamma_1\right)\delta\varphi + \dfrac{g F}{P}\,\delta\varphi, \\[3mm] \dfrac{d}{dt}\left[\delta V \sin(\theta_1 - \gamma_1) + V_1 \cos(\theta_1 - \gamma_1)(\delta\theta - \delta\gamma) \right] \\[2mm] \qquad = \dfrac{2\,\delta V}{V} g\left(1 - \dfrac{\sin(\gamma_1 + \theta_1)\sin\theta_1}{\cos\gamma_1}\right) \\[2mm] \qquad\quad + g \dfrac{kS V_1^2}{P}(\cos\gamma_1 \cos\theta_1 + \operatorname{tg}^2\gamma_1 \sin\gamma_1 \sin\theta_1)\,\delta\gamma, \end{cases}$$

ou, en ordonnant et simplifiant :

$$(9')\begin{cases} \dfrac{d\delta V}{dt}\cos(\theta_1-\gamma_1)+\dfrac{2\,\delta V}{V_1}\,g\,\dfrac{\cos\theta_1\sin(\gamma_1+\theta_1)}{\cos\gamma_1} \\[2mm] \quad -\,V_1\sin(\theta_1-\gamma_1)\dfrac{d(\delta\theta-\delta\gamma)}{dt}+g\,\delta\theta \\[2mm] \quad -\,g\,\dfrac{\cos\theta_1}{\sin\gamma_1}(-\cos\gamma_1\sin\theta_1+\mathrm{tg}^2\gamma_1\sin\gamma_1\cos\theta_1)\,\delta\gamma=0, \\[3mm] V_1\cos\gamma_1\dfrac{d\delta\beta}{dt}+g\,\dfrac{\sigma}{S}\,\dfrac{\cos\theta_1}{\mathrm{tg}\,\gamma_1}\,\delta\beta-g\left(\sin\theta_1+\dfrac{\sigma}{S}\,\dfrac{\cos\theta_1}{\mathrm{tg}\,\gamma_1}\right)\delta\varphi \\[2mm] \hspace{4cm}+\,V_1\cos(\theta_1-\gamma_1)\dfrac{d\delta\psi}{dt}=0, \\[3mm] -\,\dfrac{d\delta V}{dt}\sin(\theta_1-\gamma_1)+\dfrac{2\,\delta V}{V_1}\,g\left[1-\dfrac{\sin(\gamma_1+\theta_1)\sin\theta_1}{\cos\gamma_1}\right] \\[2mm] \quad -\,V_1\cos(\theta_1-\gamma_1)\dfrac{d(\delta\theta-\delta\gamma)}{dt} \\[2mm] \quad +\,g\,\dfrac{\cos\theta_1}{\sin\gamma_1}(\cos\gamma_1\cos\theta_1+\sin\gamma_1\sin\theta_1\,\mathrm{tg}^2\gamma_1)\,\delta\gamma=0. \end{cases}$$

Essayons de satisfaire aux systèmes (8) et (9') en posant :

$$(\alpha)\begin{cases} \delta V=We^{\xi t}, & \delta\gamma=\Gamma e^{\xi t}, & \delta\theta=\Theta e^{\xi t}, \\[2mm] \delta\beta=\mathrm{II}e^{\xi t}, & \delta\varphi=\Phi e^{\xi t}, & \delta\psi=\Psi e^{\xi t}. \end{cases}$$

En remplaçant, les exponentielles disparaissent et nous avons six équations homogènes en W, Γ, Θ, II, Φ, Ψ, du premier degré. On peut donc les éliminer et il reste une équation en ξ du neuvième degré, le problème étant du neuvième ordre.

Par suite de la nature même du problème, le degré s'abaisse, parce que la deuxième équation de (8), les première et troisième de (9) ne contiendront que les constantes W, Γ, Θ, et les trois autres II, Φ et Ψ. Elles s'élimineront séparément et il en résultera une équation du quatrième degré en ξ et une du cinquième degré qui, elle-même, s'abaissera au troisième degré par la présence de deux racines nulles.

Nous trouvons d'abord :

$$(10) \begin{cases} W\left[\xi\cos(\theta_1-\gamma_1)+\dfrac{2g}{V_1}\dfrac{\cos\theta_1}{\cos\gamma_1}\sin(\gamma_1+\theta_1)\right]+\Theta\left[g-V_1\xi\sin(\theta_1-\gamma_1)\right] \\ +\Gamma\left[V_1\xi\sin(\theta_1-\gamma_1)-g\dfrac{\cos\theta_1}{\sin\gamma_1}(-\cos\gamma_1\sin\theta_1+\operatorname{tg}^2\gamma_1\sin\gamma_1\cos\theta_1)\right]=0, \\ W\left[-\xi\sin(\theta_1-\gamma_1)+\dfrac{2g}{V_1}\left(1-\dfrac{\sin(\gamma_1+\theta_1)\sin\theta_1}{\cos\gamma_1}\right)\right]-\Theta V_1\xi\cos(\theta_1-\gamma_1) \\ +\Gamma\left[V_1\xi\cos(\theta_1-\gamma_1)+g\dfrac{\cos\theta_1}{\sin\gamma_1}(\cos\gamma_1\cos\theta_1+\operatorname{tg}^2\gamma_1\sin\gamma_1\sin\theta_1)\right]=0, \end{cases}$$

$$\Theta B\xi^2+\Gamma P b\cos\gamma_1\cos\theta_1=0.$$

Ces équations, se rapportant à V, γ, θ, résolvent le problème de la stabilité longitudinale des aéroplanes. D'autre part, nous trouvons ensuite :

$$(11) \begin{cases} \eta k\sigma V_1^2\cos\gamma_1(\Pi-\Phi) \qquad\qquad -A\xi^2\sin\theta_1\Psi=0, \\ \lambda k\sigma V_1^2\cos\gamma_1(\Pi-\Phi)+C\xi^2\Phi+C\xi^2\cos\theta_1\Psi=0, \\ \left(V_1\xi\cos\gamma_1+g\dfrac{\sigma}{S}\dfrac{\cos\theta_1}{\operatorname{tg}\gamma_1}\right)(\Pi-\Phi) \\ +(V_1\xi\cos\gamma_1-g\sin\theta_1)\Phi+V_1\xi\cos(\theta_1-\gamma_1)\Psi=0. \end{cases}$$

Ces équations, se rapportant uniquement à β, φ, ψ, contiennent le problème de la stabilité latérale.

Nota. — Il résulte de la forme linéaire des équations (9) que les mouvements se superposent et que par exemple une rotation commencée subsiste jusqu'à ce qu'elle soit amortie.

Sur terre, les frottements du sol nous masquent ce phénomène qui surprend tous les débutants, encore que l'automobile nous ait enseigné ce dérapage. En un mot, dans l'espace, le dérapage est la règle et non l'exception ; or, il est encore singulièrement plus désagréable dans l'espace que sur terre. Il en est de même naturellement en ballon dirigeable et en sous-marin.

Stabilité latérale des aéroplanes

Commençons par le système (11). En éliminant Π, Φ, Ψ et développant le déterminant, on trouve :

$$ACV_1 \sin\gamma_1 \xi^3 + ACg \frac{\sigma}{S} \cos\theta_1 \xi^2 + k\sigma V_1^2 \sin\gamma_1 (\eta C \sin\gamma_1 - \lambda A \cos\gamma_1)\xi$$
$$+ g\sin\gamma_1 k\sigma V_1^2 (\lambda A \sin\theta_1 + \eta C \cos\theta_1) = 0.$$

En distinguant par des indices les trois racines et les quantités Π, Φ, Ψ qui en dépendent, les solutions générales s'écrivent :

$$\delta\beta = \beta - \frac{\pi}{2} = \Pi_1 e^{\xi_1 t} + \Pi_2 e^{\xi_2 t} + \Pi_3 e^{\xi_3 t} + \Pi_4 + \Pi_5 t,$$

$$\delta\varphi = \varphi - \frac{\pi}{2} = \Phi_1 e^{\xi_1 t} + \Phi_2 e^{\xi_2 t} + \Phi_3 e^{\xi_3 t} + \Phi_4 + \Phi_5 t,$$

$$\delta\psi = \psi + \frac{\pi}{2} = \Psi_1 e^{\xi_1 t} + \Psi_2 e^{\xi_2 t} + \Psi_3 e^{\xi_3 t} + \Psi_4 + \Psi_5 t.$$

Les constantes affectées des indices 4 et 5 se rapportent à la racine double nulle de l'équation en ξ qui a déjà été signalée. Elle introduirait un terme proportionnel au temps qui, faisant croître les différences au delà de toute limite, indiquerait pour les aéroplanes une instabilité de route irrémédiable. Occupons-nous donc de cette solution. En remplaçant dans les équations du problème $\delta\beta$, $\delta\varphi$ et $\delta\psi$ par $\Pi_4 + \Pi_5 t$, etc., on trouve les conditions :

$$\Pi_4 = \Phi_4, \qquad \Pi_5 = \Phi_5 = 0, \qquad \Phi_4 g \sin\theta_1 = \Psi_5 V_1 \cos(\theta_1 - \gamma_1).$$

Il n'y a plus qu'à déterminer Ψ_4 et Φ_4 par les données initiales. Cette recherche est liée à la détermination des autres constantes. En prenant les deux premières équations du système, on obtient la forme

$$\frac{\Pi - \Phi}{AC \sin\theta_1 \xi^2} = \frac{-\Phi}{k\sigma V_1^2 (\lambda A \sin\theta_1 + \eta C \cos\theta_1) \cos\gamma_1} = \frac{\Psi}{k\sigma V_1^2 \eta C \cos\gamma_1}.$$

En égalant à ρ ces trois rapports et en distinguant par des indices les ρ correspondant aux racines ξ différentes, on a les quantités $\Pi - \Phi$, Φ, Ψ en fonction de trois constantes ρ seulement. Il en résulte que les solutions générales deviennent :

$$\delta\beta - \delta\varphi = \beta - \varphi = AC\sin\theta_1\left(\rho_1\xi_1^2 e^{\xi_1 t} + \rho_2\xi_2^2 e^{\xi_2 t} + \rho_3\xi_3^2 e^{\xi_3 t}\right),$$

$$\delta\varphi = \varphi - \frac{\pi}{2} = -k\sigma V_1^2(\lambda A\sin\theta_1 + \eta C\cos\theta_1)\cos\gamma_1\left(\rho_1 e^{\xi_1 t} + \rho_2 e^{\xi_2 t} + \rho_3 e^{\xi_3 t}\right)$$
$$+ \Psi_5\frac{V_1\cos(\theta_1 - \gamma_1)}{g\sin\theta_1},$$

$$\delta\psi = \psi + \frac{\pi}{2} = k\sigma V_1^2\,\eta C\cos\gamma_1\left(\rho_1 e^{\xi_1 t} + \rho_2 e^{\xi_2 t} + \rho_3 e^{\xi_3 t}\right) + \Psi_4 + \Psi_5 t.$$

En passant à l'origine des temps

$$t = 0, \qquad \beta = \beta_0, \qquad \varphi = \varphi_0, \qquad \psi = \psi_0,$$

on a déjà trois équations en fonction des cinq constantes ρ_1, ρ_2, ρ_3, Ψ_4, Ψ_5 ; en introduisant les vitesses $\left(\dfrac{d\varphi}{dt}\right)_0$, $\left(\dfrac{d\psi}{dt}\right)_0$ à l'origine, on obtient deux autres équations :

$$\left(\frac{d\varphi}{dt}\right)_0 = -k\sigma V_1^2\cos\gamma_1(\lambda A\sin\theta_1 + \eta C\cos\theta_1)(\rho_1\xi_1 + \rho_2\xi_2 + \rho_3\xi_3),$$

$$\left(\frac{d\psi}{dt}\right)_0 = k\sigma V_1^2\,\eta C\cos\gamma_1\,(\rho_1\xi_1 + \rho_2\xi_2 + \rho_3\xi_3) + \Psi_5.$$

En résolvant ce système, on trouverait, si cela était nécessaire, toutes ces constantes ; mais leur simple inspection montre que si les rotations initiales $\left(\dfrac{d\varphi}{dt}\right)_0$ et $\left(\dfrac{d\psi}{dt}\right)_0$ sont nulles, il en résulte d'abord $\rho_1\xi_1 + \rho_2\xi_2 + \rho_3\xi_3 = 0$ et ensuite $\Psi_5 = 0$. Cette constante nuisible étant nulle[1], il n'y a plus de termes proportionnels au temps et l'équilibre pourra s'établir. En effet, dans tous les cas, à cause de $\Pi_4 = \Phi_4$, la différence $\beta - \varphi$ s'annulera très rapidement comme dans le problème du parachute[2] si les

(1) Dans le cas particulier où $\theta_1 = 0$, le système (11) donne directement $\Pi = \Phi$ ou $\beta = \varphi$, ce qui empêche toute espèce de rotation.

(2) Voir p. 178.

racines ξ sont toutes négatives ou si leur partie réelle, quand elles sont imaginaires, est elle-même négative [1].

Il est vrai que simultanément l'angle ψ aura varié proportionnellement au temps : l'aéroplane aura décrit un arc d'hélice ou arc de cercle si son moteur est suffisant. Nous sommes ainsi conduit à nous reporter aux équations générales et à envisager le cas particulier où V, γ, β, θ, φ étant constants, on a $\psi = wt + \psi_0$.

En remplaçant, puis en annulant les coefficients de $\sin(wt + \psi_0)$ et $\cos(wt + \psi_0)$, on voit que c'est en effet une solution possible du système, car il en résulte toujours six équations à six inconnues V, γ, β, θ, φ, w.

L'aéroplane décrira une hélice bien déterminée ; mais, précisément parce que ces six équations caractérisent une hélice, il peut arriver dans certains cas que cette hélice devienne une ligne droite. C'est ce qui arrive quand $\beta = \varphi$. Écrivons en effet les trois équations de la rotation. On a :

$$(C - B) \sin\theta \cos\theta \cos\varphi \, w^2 = \eta \, k \, \sigma \, V_?^2 \cos\gamma \sin(\beta - \varphi),$$
$$(A - C) \sin\theta \cos\theta \sin\varphi \, w^2 = -k S V^2 \sin\gamma \, (a - b \sin\gamma),$$
$$(B - A) \sin^2\theta \sin\varphi \cos\varphi \, w^2 = -\lambda \, k \, \sigma \, V^2 \cos\gamma \sin(\beta - \varphi).$$

Il est facile de voir que si $\beta = \varphi$, il faut, ou que la rotation soit nulle, ou que $\varphi = \dfrac{\pi}{2}$; $\theta = 0$ entraîne la même conséquence en vertu des trois autres équations.

La véritable condition de stabilité est donc contenue dans la discussion de l'équation en ξ. Pour qu'une équation du troisième degré

$$A_0 \xi^3 + A_1 \xi^2 + A_2 \xi + A_3 = 0$$

n'ait que des racines de la nature indiquée, il faut que les

---

[1] Quand il y a une racine imaginaire $\xi = \alpha + \beta i$, deux termes conjugués $e^{\xi_1 t}$ et $e^{\xi_2 t}$ se combinent pour former une expression

$$e^{\alpha t} (C \cos\beta t + C' \sin\beta t)$$

de période égale à $\dfrac{2\pi}{\beta}$, mais dont l'amplitude s'amortit si α est négatif.

coefficients A_0, A_1, A_2, A_3 soient de même signe et que leur combinaison $A_1A_2 - A_0A_3$ soit positive[1].

Discutons ces conditions en supposant que nous prenions une route apparente θ_1 telle que $\operatorname{tg}\theta_1 = \nu \operatorname{tg}\gamma_1$. Les coefficients A_0 et A_1 étant positifs, on doit écrire les trois inégalités suivantes :

$$\eta C \sin\gamma_1 - \lambda A \cos\gamma_1 > 0,$$
$$\eta C \cos\gamma_1 + \lambda A \nu \sin\gamma_1 > 0,$$
$$\eta C (S - \sigma) \operatorname{tg}\gamma_1 + \lambda A (\sigma + s\nu) < 0.$$

Dans le cas d'une route apparente négative, les deux premières inégalités sont satisfaites d'elles-mêmes lorsque, η étant positif, λ est lui-même négatif; c'est-à-dire lorsque la surface-quille se trouve plus haute que le centre de gravité[2] et en arrière de lui. C'est la construction qui vient naturellement à la pensée et les aéroplanes sont le plus souvent établis de cette manière. La limite de λ est alors donnée par la troisième inégalité qui devient :

$$\lambda < - \eta \frac{C}{A} \frac{(S - \sigma)}{(\sigma + s\nu)} \operatorname{tg}\gamma_1.$$

On voit que pour ν négatif elle peut devenir très grande. Il faut donc se maintenir dans une certaine région autour de l'horizontale, si l'on ne veut pas employer des queues démesurées. Pour augmenter cette région, il suffit d'augmenter la surface-quille σ par rapport à la surface nuisible s.

Si par exemple nous prenons ce rapport égal à 10, il suffira de donner à λ la valeur :

$$- \eta \frac{C}{A} \frac{\cot\gamma_1}{5},$$

[1] Il faut d'abord que l'équation n'ait pas de variations (théorème de Descartes); il faut ensuite qu'il en soit de même pour la transformée en α après avoir posé $\alpha + \beta i = \xi$. C'est ce qui donne lieu à $A_1A_2 - A_0A_3 > 0$. Lorsque cette quantité est nulle, l'une des parties réelles α est nulle. L'amplitude de l'oscillation reste constante : c'est le cas du tangage.

[2] Rappelons que, d'après la « composition des surfaces » (voir p. 169), si les ailes forment un V ou un accent circonflexe, elles contribuent pour une part à former cette surface-quille (σ).

pour atteindre un v que l'inégalité précédente nous fixe vers — 5, ce qui correspond à une route θ_1 d'environ — 30° bien suffisante pour les besoins de la pratique.

Remarquons que cette quille conviendra également pour les routes positives jusqu'à $\theta_1 = + 30°$, car dans ce cas il faut satisfaire aussi à la deuxième inégalité qui est

$$\eta_1 C \cos\gamma_1 + \lambda A v \sin\gamma_1 > 0$$

et qui, lorsqu'on remplace λ par la valeur admise, se réduit à

$$v < 5.$$

Si on avait supposé $\eta < 0$ et $\lambda < 0$, il serait impossible de satisfaire à la deuxième inégalité avec des routes ascendantes et l'aéroplane ainsi construit aurait moins de stabilité que le précédent.

Tous les cas particuliers se traiteraient de la même manière.

On voit que cette discussion conduit aux grandes et longues queues que préconisent en général tous les aviateurs français.

Nous résumons donc ce chapitre par :

Conséquence XI. — Un aéroplane symétrique lancé bien droit suivant son axe, sans aucune rotation, dans un milieu parfaitement calme, ne s'écartera pas de son plan de symétrie. La moindre rotation initiale, le moindre trouble en cours de route, l'engagera sur une hélice dont les paramètres dépendront des caractéristiques de l'aéroplane.

Conséquence XII. — Un aéroplane construit en observant certaines relations entre les caractéristiques, lancé d'une façon quelconque, commencera par suivre un arc d'hélice; mais se redressera bientôt (à partir du moment où $\beta = \varphi$) pour ne plus quitter son plan de symétrie jusqu'à ce qu'une cause extérieure se fasse sentir. S'il n'y a pas d'obstacle, la cause extérieure ne peut être que le vent (qui influence β) et, au bout de très peu de temps, l'aéroplane rentrera dans le vent relatif ($\varphi = \beta$), ce qui est la condition primordiale mise en lumière par M. Bazin pour faire du vol à voile.

Conséquence XIII. — Dans le cas particulier d'un aéroplane construit avec une surface-quille plus haute que le centre de gravité et en arrière de lui, la relation entre les caractéristiques qui convient pour des routes apparentes comprises entre — 30° et + 30° est que la surface de la quille vaille dix fois la surface nuisible et se trouve à une distance du centre de gravité égale à

$$- \frac{\eta}{5} \frac{C}{A} \sqrt{\frac{\overline{S}}{s}}.$$

Conséquence XIV. — Un aéroplane sans quille n'a aucune stabilité latérale.

Stabilité longitudinale des aéroplanes

Reprenons le système (10). Les quantités W, Θ, Γ s'éliminent au moyen d'un déterminant qui, développé, donne l'équation suivante, du quatrième degré en ξ :

$$(15) \quad \begin{cases} BV_1^2 \xi^4 + BV_1 g \left[\dfrac{\cos \theta_1}{\sin \gamma_1 \cos^2 \gamma_1} (\cos^4 \gamma_1 + \sin^4 \gamma_1) + 4 \cos \theta_1 \sin \gamma_1 \right] \xi^3 \\ + \left(2 Bg^2 \cos^2 \theta_1 (1 + tg^2 \gamma_1) + PV_1^2 b \cos \gamma_1 \cos \theta_1 \right) \xi^2 \\ + gV_1 Pb \cos \gamma_1 \cos \theta_1 [2 \sin (\gamma_1 + \theta_1) - 3 \sin (\theta_1 - \gamma_1)] \xi \\ + 2 g^2 Pb \cos \gamma_1 \cos \theta_1 \left[1 - \dfrac{\sin (\gamma_1 + \theta_1) \sin \theta_1}{\cos \gamma_1} \right] = 0. \end{cases}$$

Les solutions générales sont alors :

$$\delta V = V - V_1 = W_1 e^{\xi_1 t} + W_2 e^{\xi_2 t} + W_3 e^{\xi_3 t} + W_4 e^{\xi_4 t},$$
$$\delta \theta = \theta - \theta_1 = \Theta_1 e^{\xi_1 t} + \Theta_2 e^{\xi_2 t} + \Theta_3 e^{\xi_3 t} + \Theta_4 e^{\xi_4 t},$$
$$\delta \gamma = \gamma - \gamma_1 = \Gamma_1 e^{\xi_1 t} + \Gamma_2 e^{\xi_2 t} + \Gamma_3 e^{\xi_3 t} + \Gamma_4 e^{\xi_4 t}.$$

L'aéroplane sera stable si les racines ξ sont toutes négatives ou si les parties réelles des racines imaginaires sont également négatives. En effet, dans ce cas les exponentielles sont rapidement évanouissantes et les fonctions V, θ, γ tendent vers leurs valeurs asymptotiques V_1, θ_1, γ_1.

Les conditions pour que les racines d'une équation du quatrième degré

$$A_0 \xi^4 + A_1 \xi^3 + A_2 \xi^2 + A_3 \xi + A_4 = 0$$

soient de cette nature se réduisent à ce que A_0, A_1, A_2, A_3, A_4 et la quantité $A_1 A_2 A_3 - A_0 A_3^2 - A_4 A_1^2$ soient de même signe.

Les cinq coefficients de l'équation (15) sont positifs avec les données choisies; il reste donc simplement à satisfaire à une condition qui est :

$$\frac{P b \, V_1^2 \sin \gamma_2}{2 \, B g^2 \cos \theta_1} (5 \, \mathrm{tg}\, \gamma_1 - \mathrm{tg}\, \theta_1) \left[1 + \mathrm{tg}\, \gamma_1 \, (\mathrm{tg}\, \theta_1 - \mathrm{tg}\, \gamma_2) + \mathrm{tg}^4 \gamma_1 \right]$$

$$> (1 + 4\, \mathrm{tg}^2 \gamma_1 + \mathrm{tg}^4 \gamma_1) \left[(1 - \mathrm{tg}\, \gamma_1 \, \mathrm{tg}\theta_1)(1 + 4\, \mathrm{tg}^2 \gamma_1 + \mathrm{tg}^4 \gamma_2) \right.$$

$$\left. - (1 + \mathrm{tg}^2 \gamma_2)(5\, \mathrm{tg}\, \gamma_1 - \mathrm{tg}\, \theta_1)\, \mathrm{tg}\, \gamma_1 \right].$$

C'est ici que nous nous séparons de M. le professeur Bryan qui, en partant de notations différentes, arrive naturellement à une condition analogue. Il résout par rapport à V et en déduit que la vitesse d'un aéroplane doit être plus grande qu'une certaine quantité pour qu'il soit stable.

A notre avis, on peut seulement dire que la vitesse *de régime* de l'aéroplane doit être plus grande que cette quantité pour qu'il soit stable([1]). Mais, en plus, comme cette vitesse de régime est la conséquence des caractéristiques de l'aéroplane, il vaut mieux l'éliminer et arriver à la relation à laquelle les caractéristiques doivent satisfaire. C'est ce que nous ferons en remplaçant V_1^2 par sa valeur

$$\frac{P \cos \theta_1}{k S \sin \gamma_1}.$$

([1]) M. le professeur Bryan a bien voulu en convenir avec moi et il m'a écrit que seul le temps lui avait manqué pour pousser le calcul jusqu'au bout. Je lui demande alors pardon de l'avoir terminé; mais c'est parce que j'avais le plus pressant besoin du résultat. M. le professeur Bryan a d'ailleurs le mérite précieux d'avoir ouvert la voie dès 1903.

Discutons alors l'inégalité en supposant que nous prenions une route apparente θ_1 telle que :

$$\operatorname{tg} \theta_1 = \nu \operatorname{tg} \gamma_1.$$

L'inégalité devient :

$$\frac{P^2 b \operatorname{tg} \gamma_1}{2\,Bg^2 kS} > \frac{(1 + 4 \operatorname{tg}^2 \gamma_1 + \operatorname{tg}^4 \gamma_1)\,[1 - \operatorname{tg}^2 \gamma_1 - (3\nu + 4)\operatorname{tg}^4 \gamma_1 - \nu \operatorname{tg}^6 \gamma_1]}{(5 - \nu)\,[1 + (\nu - 1)\operatorname{tg}^2 \gamma_1 + \operatorname{tg}^4 \gamma_1]}.$$

On a divisé par la quantité

$$[1 + (\nu - 1)\operatorname{tg}^2 \gamma_1 + \operatorname{tg}^4 \gamma_1]\,(5 - \nu)$$

qui reste positive [1] pour des valeurs de $\nu > -1$ à $\nu < 5$. Nous allons d'abord faire varier ν entre ces limites : la valeur 5 donne une route qui est un grand maximum pour les aéroplanes.

Posons

$$\operatorname{tg} \gamma_1 = x \qquad \text{et} \qquad \frac{P^2 b}{2\,Bg^2 kS} = m.$$

Nous allons construire l'intersection de $y = mx$ avec la courbe

$$(16) \quad y = \frac{(1 + 4\,x^2 + x^4)\,[1 - x^2 - (3\nu + 4)\,x^4 - \nu x^6]}{(5 - \nu)\,[1 + (\nu - 1)\,x^2 + x^4]}.$$

Le premier facteur et le dénominateur ne s'annulant pas dans les limites considérées, la courbe conserve l'allure de

$$y = 1 - x^2 - (3\nu + 4)\,x^4 - \nu x^6.$$

La dérivée, ou la fonction proportionnelle,

$$3\nu x^5 + 2\,(3\nu + 4)\,x^3 + x$$

ne s'annulant qu'une fois pour les valeurs positives de ν,

---

(1) Elle le reste également pour toutes les petites valeurs de γ_1 qui sont seules à considérer et cela jusqu'à des valeurs de $\nu < -10$ donnant un grand maximum pour les routes descendantes.

la courbe considérée a la forme donnée par la figure 18;
pour les valeurs négatives de 0 — ε à — 1 + ε, comme

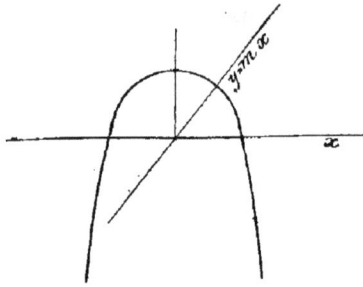

Fig. 18

la dérivée s'annule trois fois, la courbe affecte alors la
forme de la figure 19. Dans les deux cas, l'ordonnée de

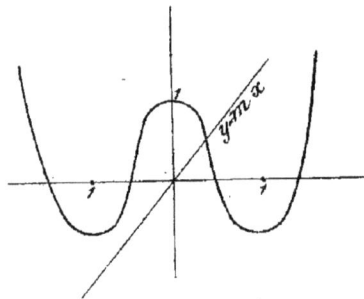

Fig. 19.

la droite devant être plus grande que l'ordonnée de la
courbe, on trouve une limite inférieure pour x qui est
donnée par le premier point d'intersection de la courbe ;
seules, les petites valeurs de tg γ_1, c'est-à-dire de x, conviennent au problème.

Lorsque $\nu = — 1$, ce qui correspond au cas particulier
où il n'y a pas de moteur, la courbe change d'aspect et

correspond à la forme de la figure 20, car un facteur $(1 - x^2)^2$ a disparu au dénominateur et au numérateur et l'équation de la courbe est devenue

$$y = \frac{1 + 5\,x^2 + 5\,x^4 + x^6}{6}.$$

Dans ce cas, la droite peut couper la courbe en deux points qui marquent pour x deux limites, l'une inférieure, l'autre supérieure; elle peut aussi ne pas couper

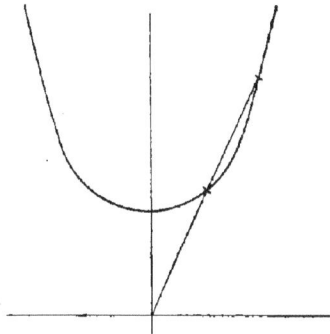

Fig. 20.

la courbe, ce qui correspond au cas d'instabilité totale, ou la couper en un seul point, ce qui correspond au cas du tangage.

Lorsque ν devient plus petit que -1, le numérateur ne s'annule plus; mais le dénominateur a quatre racines: il y a quatre asymptotes et la courbe prend la forme de la figure 21.

Au point de vue du problème général, le résultat est le même que précédemment: il existe une limite inférieure et une limite supérieure pour x. Les autres points d'intersection ne conviennent pas à la question.

Pour résumer cette discussion on peut dire que, lorsque l'aéroplane fait usage de son moteur, il suffit que l'angle d'attaque de régime soit plus grand qu'une certaine quantité; et, s'il n'en fait pas usage, l'angle d'attaque de régime doit être en même temps plus petit qu'une certaine quantité.

Cherchons ces limites et pour cela profitons de ce que

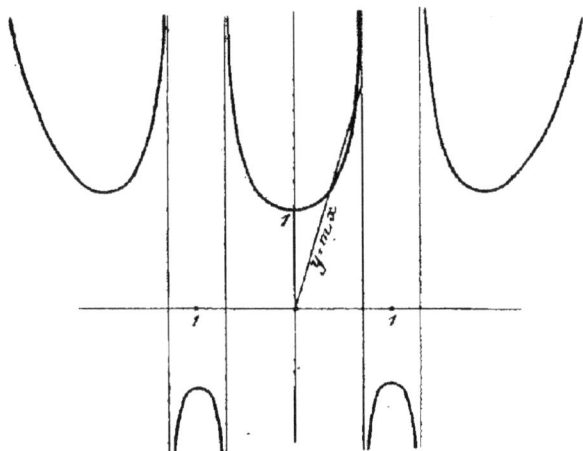

Fig. 21.

$tg^2 \gamma_1 = x^2$ est très petit. Mettons l'équation de la courbe (16) sous la forme :

$$(5-\nu)\,y = \frac{(1+4\,x^2+x^4)\left[1+x^2-\dfrac{x^4\,(3+x^2)\,(\nu+1)}{(1-x^2)^2}\right]}{1+\dfrac{(\nu+1)\,x^2}{(1-x^2)^2}}.$$

Négligeons les puissances supérieures à x^2, il reste :

$$(5-\nu)\,y = 1 + 5\,x^2 - (\nu+1)\,x^2,$$

équation de la courbe aux environs de l'origine. L'intersection avec $y = mx$ donne

$$\left.\begin{array}{r}x'\\x''\end{array}\right\} = \frac{5-\nu \pm \sqrt{(5-\nu)^2\,m^2 - 4\,(4-\nu)}}{2\,(4-\nu)}.$$

On trouve ainsi la condition de stabilité à laquelle il faut satisfaire entre $\nu = -1$ et $\nu = -\infty$

$$m > \frac{2\,\sqrt{4-\nu}}{5-\nu}.$$

Le second membre diminuant tout le temps, il suffit d'envisager le cas de $\nu = -1$ et l'on trouve :

$$\frac{P^2 b}{2\, B g^2 k S} > 0,74 \text{ ou en forçant } (^1) > 0,8 ;$$

en désignant par B' le rayon de giration, $\dfrac{P}{g}$ disparaît une fois ; en remplaçant b par sa valeur $0,3$ L' (fig. 2), il vient :

$$\frac{P}{S}\frac{L'}{B'^2} > \frac{2 \times 0,8 \times 9,808 \times 0,7}{0,3} > 37.$$

Mais $S : L'$ est égal à l'envergure E ou en rapport simple avec elle. Avec nos caractéristiques (fig. 2), nous sommes donc invité à écrire :

$$P > 37\, B'^2 E.$$

Ce qui nous conduit à la conséquence suivante :

Conséquence XV. — Un aéroplane est longitudinalement stable lorsque son poids est plus grand que celui d'un parallélipipède rectangle environ vingt-neuf fois plus dense que le milieu ambiant, ayant pour base le carré construit sur le rayon de giration et pour hauteur l'envergure $(^2)$.

En adoptant les coefficients admis ou trouvés dans le cours de ce travail la densité de ce parallélipipède est de $0,037$ (système métrique, définition du kilogramme), ce nombre devant être évidemment perfectible avec l'augmentation du nombre d'expériences.

Le poids et l'envergure étant déterminés par les nécessités du problème, cette condition limite par le fait la grandeur du rayon de giration, c'est-à-dire la répartition

---

(1) Vu l'importance de ce nombre, on l'a calculé une deuxième fois sans négliger les puissances supérieures de x et l'on a trouvé $0,79$.

(2) On verra plus tard dans la deuxième approximation de ces calculs que cette conséquence est modifiée par les termes dus aux rotations qui introduisent un second parallélipipède construit sur la surface S et la longueur L, ayant pour densité $0,004$.

des masses; d'un autre côté, le moment d'inertie entrant dans le coefficient de ξ^4 divise les racines et, par conséquent, est proportionnel à la période d'oscillation du tangage s'il y en a. Or, si l'amplitude de l'oscillation doit rester petite, l'aviateur a intérêt à ce qu'elle soit lente parce qu'il aura le temps de voir et de réfléchir. De là :

Conséquence XVI. — Il faut éviter de concentrer dans un aéroplane tous les poids en un seul point [1].

Ce n'est pas tout, il y a encore les deux limites à déterminer et à interpréter.

On a :

$$x'' < x < x',$$

soit

$$x'' < \operatorname{tg} \gamma_1 < x',$$

$$\frac{bx''}{\sqrt{1 + x''^2}} < b \sin \gamma_1 < \frac{bx'}{\sqrt{1 + x'^2}},$$

et, en vertu de $a = b \sin \gamma_1$

$$\frac{bx''}{\sqrt{1 + x''^2}} < a < \frac{bx'}{\sqrt{1 + x'^2}},$$

en remplaçant a et b par les valeurs (fig. 1) $L + 0{,}3\,L'$ et $0{,}3\,L'$

$$\left(\frac{x''}{\sqrt{1 + x''^2}} - 1 \right) 0{,}3\,L' < L < \left(\frac{x'}{\sqrt{1 + x'^2}} - 1 \right) 0{,}3\,L',$$

ou

$$\left(1 - \frac{x'}{\sqrt{1 + x'^2}} \right) 0{,}3\,L' < - L < \left(1 - \frac{x''}{\sqrt{1 + x''^2}} \right) 0{,}3\,L',$$

L doit donc être négatif, mais en se reportant à la figure 2,

---

[1] Nous nous conformons à ce principe depuis 1903, mais il a été publié dernièrement avec d'autres idées judicieuses par le lieutenant de vaisseau Lapointe, qui signe « Pigeon vole ». (« Vie automobile », 3 juin 1905, *Vers l'aviation*, par E. Archdeacon.) Il faut seulement agir avec prudence, car une oscillation trop lente a quelquefois une tendance à ne plus s'arrêter. Il faut obéir aussi à la conséquence XV.

on voit qu'il est facile de l'exprimer en langage ordinaire et nous écrivons :

Conséquence XVII. — Quand un aéroplane est stable, il existe deux points critiques, l'un près du bord avant de l'aile, l'autre près et en avant de son centre de figure, entre lesquels doit tomber la projection du centre de gravité sur le plan de l'aile [1].

Quand ces deux points se confondent ou que cette projection tombe sur l'un de ces points, l'aéroplane subit un tangage périodique.

Quand l'aéroplane fait usage de son moteur, le point critique de l'avant est seul à considérer.

En considérant le cas $\nu = -1$ et le cas d'égalité des deux limites, on trouve que $L = 0,14 \, L'$; c'est la limite de l'instabilité : le centre de gravité se projette presque au centre de l'aile. En donnant à m la valeur 1, les deux limites passent à $0,9 \, L'$ et $0,24 \, L'$; il y a déjà une marge convenable et l'on peut se considérer comme dans de bonnes conditions en adoptant la conséquence suivante qui fixe la répartition des poids pour une première expérience :

Conséquence XVIII. — Lorsque la condition de stabilité est satisfaite, on peut faire un premier essai dans de bonnes conditions en plaçant la projection du centre de gravité au premier tiers de la largeur de l'aile.

Remarquons que dans cette condition de stabilité n'intervient nullement la hauteur H de l'aile au-dessus du centre de gravité, et en remontant au problème de la stabilité latérale on voit que cette hauteur ne s'introduit qu'incidemment dans la hauteur η du plan-quille lorsque les ailes forment un V ou un Λ et contribuent pour une part à la formation de la surface σ.

Conséquence XIX. — Contrairement à une opinion courante il est inutile de s'astreindre à mettre le centre de gravité très bas, car cela n'est pas une condition de stabilité.

----

[1] Cette condition ressemble un peu à la théorie du polygone de sustentation. Y aurait-il une loi générale ?

On a au contraire intérêt à le rapprocher des ailes pour augmenter la sensibilité des gouvernails.

Les trajectoires d'un aéroplane stable

Un aéroplane stable rentre tout le temps dans le vent relatif; si le vent ne change pas de direction, il ne sortira donc pas de son plan de symétrie. Considérons les équations de la vitesse dans ce plan. On a par le système (5)

$$\frac{dx}{dt} = V \cos(\theta - \gamma), \qquad \frac{dz}{dt} = V \sin(\theta - \gamma).$$

Or, on a admis

$$V = V_1 + \delta V, \qquad \theta = \theta_1 + \delta\theta, \qquad \gamma = \gamma_1 + \delta\gamma.$$

En remplaçant et développant, on trouve :

$$\frac{dx}{dt} = V_1 \cos(\theta_1 - \gamma_1) + \delta V \cos(\theta_1 - \gamma_1) - V_1(\delta\theta - \delta\gamma)\sin(\theta_1 - \gamma_1),$$

$$\frac{dz}{dt} = V_1 \sin(\theta_1 - \gamma_1) + \delta V \sin(\theta_1 - \gamma_1) + V_1(\delta\theta - \delta\gamma)\cos(\theta_1 - \gamma_1).$$

En faisant $\theta_1 = -\gamma_1$ pour nous placer dans le cas le plus difficile de l'aéroplane sans moteur :

$$\frac{dx}{dt} = V_1 \cos 2\gamma_1 + \delta V \cos 2\gamma_1 + V_1(\delta\theta - \delta\gamma)\sin 2\gamma_1,$$

$$\frac{dz}{dt} = -V_1 \sin 2\gamma_1 - \delta V \sin 2\gamma_1 + V_1(\delta\theta - \delta\gamma)\cos 2\gamma_1.$$

En remplaçant les δ par leurs valeurs trouvées en fonction du temps et en intégrant, nous arrivons à

$$x = V_1 t \cos 2\gamma_1 + \cos 2\gamma_1 \Sigma W \frac{e^{\xi t} - 1}{\xi}$$
$$+ V_1 \sin 2\gamma_1 \Sigma(\Theta - \Gamma)\frac{e^{\xi t} - 1}{\xi},$$

$$z = -V_1 t \sin 2\gamma_1 - \sin 2\gamma_1 \Sigma W \frac{e^{\xi t} - 1}{\xi}$$
$$+ V_1 \cos 2\gamma_1 \Sigma(\Theta - \Gamma)\frac{e^{\xi t} - 1}{\xi}.$$

On a déterminé les constantes de manière que la trajectoire passe à l'origine pour l'origine des temps.

Cherchons à calculer les W, Θ et Γ.

Le système (10) dans lequel nous faisons $\vartheta_1 = -\gamma_1$ nous donne par les deux premières équations :

$$\frac{W}{2\,V_1\,\xi\,g\cos 2\gamma_1 + 2\,g^2\cot g\,2\,\gamma_1} = \frac{\Theta - \Gamma}{-\xi\,2\,g\,\dfrac{\cos^2 2\,\gamma_1}{\sin 2\,\gamma_1}}$$

$$= \frac{\Gamma}{-V_1\,\xi^2 - 3\,g\,\xi\,\sin 2\,\gamma_1 - \dfrac{2\,g^2}{V_1}}.$$

En égalant ces rapports à ρ et distinguant par les indices 1, 2, 3, 4 les valeurs correspondant aux quatre racines de l'équation en ξ, nous avons le moyen de remplacer les douze constantes W, Θ et Γ par quatre constantes ρ seulement.

Il en résulte que les solutions générales deviennent :

$$V = V_1 + 2\,gV_1\cos 2\,\gamma_1\left(\rho_1\xi_1 e^{\xi_1 t} + \rho_2\xi_2 e^{\xi_2 t} + \rho_3\xi_3 e^{\xi_3 t} + \rho_4\xi_4 e^{\xi_4 t}\right)$$
$$+ 2\,g^2\cot g\,2\,\gamma_1\Sigma\rho\,e^{\xi t},$$

$$\theta = \theta_1 - V_1\,\Sigma\xi^2\rho\,e^{\xi t} - g\,\frac{(\sin^2 2\,\gamma_1 + 2)}{\sin 2\,\gamma_1}\Sigma\rho\xi\,e^{\xi t} - \frac{2\,g^2}{V_1}\Sigma\rho\,e^{\xi t},$$

$$\theta - \gamma = \theta_1 - \gamma_1 - 2\,g\,\frac{\cos^2 2\,\gamma_1}{\sin 2\,\gamma_1}\Sigma\rho\xi\,e^{\xi t}.$$

En faisant à l'origine des temps :

$$\delta V_0 = V_0 - V_1, \qquad \delta\theta_0 = \theta_0 - \theta_1, \qquad \delta\left(\frac{d\theta}{dt}\right)_0 = 0,$$
$$\delta\gamma_0 = \gamma_0 - \gamma_1,$$

nous avons le moyen d'obtenir les quatre constantes ρ du problème :

$$\delta V_0 = 2\,gV_1\cos 2\,\gamma_1\,\Sigma\rho\,\xi + 2\,g^2\cot g\,2\,\gamma_1\,\Sigma\rho,$$

$$\delta\theta_0 = -V_1\,\Sigma\rho\,\xi^2 - g\,\frac{\sin^2 2\,\gamma_1 + 2}{\sin 2\,\gamma_1}\Sigma\rho\,\xi - \frac{2\,g^2}{V_1}\Sigma\rho,$$

$$0 = -V_1\,\Sigma\rho\,\xi^3 - g\,\frac{\sin^2 2\,\gamma_1 + 2}{\sin 2\,\gamma_1}\Sigma\rho\,\xi^2 - \frac{2\,g^2}{V_1}\Sigma\rho\,\xi,$$

$$\delta\theta_0 - \delta\gamma_0 = -2\,g\,\frac{\cos^2 2\,\gamma_1}{\sin 2\,\gamma_1}\Sigma\rho\,\xi.$$

En résolvant d'abord par rapport aux sommes Σ :

$$\Sigma_p = \frac{V_1 (\delta\theta_0 - \delta\gamma_0)}{2\,g^2} \operatorname{tg}^2 2\,\gamma_1 + \frac{\delta V_0}{2\,g^2} \operatorname{tg} 2\,\gamma_1,$$

$$\Sigma_p \xi = -\frac{(\delta\theta_0 - \delta\gamma_0)}{2\,g \cos 2\,\gamma_1} \operatorname{tg} 2\,\gamma_1,$$

$$\Sigma_p \xi^2 = \frac{(\delta\theta_0 - \delta\gamma_0)}{2\,V_1} \operatorname{tg}^2 2\,\gamma_1 - \frac{\delta V_0}{V_1^2} \operatorname{tg} 2\,\gamma_1 - \frac{\delta\gamma_0}{V_1},$$

$$\Sigma_p \xi^3 = -\frac{2\,g}{V_1^2} (\delta\theta_0 - \delta\gamma_0) \operatorname{tg}^2 2\,\gamma_1 \sin 2\,\gamma_1$$

$$+ g\,\frac{\delta V_0}{V_1^3}\frac{2 + \sin^2 2\,\gamma_1}{\cos 2\,\gamma_1} + g\,\frac{\delta\gamma_0}{V_1^2}\frac{2 + \sin^2 2\,\gamma_1}{\sin 2\,\gamma_1}.$$

En appelant a_0, a_1, a_2, a_3 ces quatre sommes et désignant par Δ le déterminant connu $(\xi_1^0\,\xi_2^1\,\xi_3^2\,\xi_4^3)$, on pourrait facilement donner l'expression des ρ; mais nous n'en avons pas besoin, il nous faut une somme $\Sigma\rho\varphi(\xi)$ où la fonction φ est, ou $\frac{1}{\xi}$, ou $e^{\xi t}$, ou $\frac{e^{\xi t}}{\xi}$. Or il est facile de l'obtenir, on a en effet :

$$\Delta\Sigma_p\varphi(\xi) = - \begin{vmatrix} 0 & \varphi(\xi_1) & \varphi(\xi_2) & \varphi(\xi_3) & \varphi(\xi_4) \\ a_0 & 1 & 1 & 1 & 1 \\ a_1 & \xi_1 & \xi_2 & \xi_3 & \xi_4 \\ a_2 & \xi_1^2 & \xi_2^2 & \xi_3^2 & \xi_4^2 \\ a_3 & \xi_1^3 & \xi_2^3 & \xi_3^3 & \xi_4^3 \end{vmatrix}$$

Tout d'abord, il faut remarquer que toutes les différences deux à deux des racines qui forment le déterminant Δ se rencontrent aussi dans le numérateur; la présence de racines doubles ne jette donc aucun trouble dans le résultat.

Effectuons le calcul dans le cas où $\varphi(\xi) = \frac{1}{\xi}$. En multipliant et divisant le numérateur par le produit des racines pour n'avoir pas de fractions, puis développant par rapport à la première colonne et sachant que le quotient des mineurs par Δ est entier et symétrique, la lecture immédiate du degré du quotient permet d'écrire :

$$\Sigma\,\frac{\rho}{\xi} = \frac{1}{\xi_1\xi_2\xi_3\xi_4}\left(a_0\Sigma\xi_1\xi_2\xi_3 - a_1\Sigma\xi_1\xi_2 + a_2\Sigma\xi_1 - a_3\right).$$

En remplaçant les a et les fonctions symétriques au moyen des coefficients de l'équation en ξ :

$$\Sigma\,\frac{\rho}{\xi} = \frac{(\delta\theta_0 - \delta\gamma_0)\,V_1^2\,(1 - 3\sin^2 2\,\gamma_1)\,\mathrm{tg}\,2\,\gamma_1}{4\,g^3\cos 2\,\gamma_1} - \frac{3\,V_1\delta V_0\sin^2 2\,\gamma_1}{4\,g^3\cos 2\,\gamma_1}.$$

Nous pouvons maintenant reprendre l'équation de la trajectoire et l'interpréter :

$$x = V_1\,t\cos 2\,\gamma_1 + 2\,g^2\cos 2\,\gamma_1\cot 2\,\gamma_1\Sigma\rho\,\frac{e^{\xi t} - 1}{\xi},$$

$$z = -V_1\,t\sin 2\,\gamma_1 - 2\,V_1\,g\cot 2\,\gamma_1\Sigma\rho\left(e^{\xi t} - 1\right)$$
$$- 2\,g^2\sin 2\,\gamma_1\cot 2\,\gamma_1\Sigma\rho\,\frac{e^{\xi t} - 1}{\xi}.$$

Si nous considérons simplement :

$$x = V_1\,t\cos 2\,\gamma_1 - 2\,g^2\cos 2\,\gamma_1\cot 2\,\gamma_1\,\frac{\Sigma\rho}{\xi},$$

$$z = -V_1\,t\sin 2\,\gamma_1 + 2\,V_1\,g\cot 2\,\gamma_1\Sigma\rho + 2\,g^2\sin 2\,\gamma_1\cot 2\,\gamma_1\Sigma\frac{\rho}{\xi},$$

c'est l'équation de la droite à laquelle se réduit la trajectoire lorsque les exponentielles deviennent nulles.

Elle a naturellement l'inclinaison $-2\,\gamma_1$ et est parcourue uniformément avec la vitesse de régime V_1; de plus, elle passe par le point :

$$x_{\mathrm{M}} = \frac{-V_1^2}{2\,g}(1 - 3\sin^2 2\,\gamma_1)(\delta\theta_0 - \delta\gamma_0)$$
$$+ \frac{3\,V_1\delta V_0}{2\,g}\sin 2\,\gamma_1\cos 2\,\gamma_1,$$

$$z_{\mathrm{M}} = \frac{3\,V_1^2}{2\,g}(\delta\theta_0 - \delta\gamma_0)\sin 2\,\gamma_1\cos 2\,\gamma_1 + \frac{V_1\delta V_0}{g}\left(1 - \frac{3}{2}\sin^2 2\,\gamma_1\right).$$

Grâce à ces coordonnées [1], on peut se rendre compte par exemple de la profondeur de l'abatée que ferait un aéroplane lancé sans vitesse d'un ballon. On trouve une quinzaine de mètres pour un aéroplane ayant une vitesse de régime de 10 m et un angle d'attaque de 6°30', ce qui n'est pas excessif.

Où ce point devient extrêmement intéressant, c'est lorsqu'il est situé dans l'angle des coordonnées positives, car alors l'aéroplane se déplacera sur une droite plus élevée que la précédente.

Considérons le cas où un grain vient à souffler, il en résulte un accroissement de vitesse δV_0, positif s'il souffle contre l'aéroplane ; de plus, comme $\delta\theta_0 = \delta\gamma_0 = 0$, il reste :

$$x_M = \frac{3\,V_1\,\delta V_0}{4\,g}\sin 4\,\gamma_1,$$

$$\varepsilon_M = \frac{V_1\,\delta V_0}{g}\left(1 - \frac{3}{2}\sin^2 2\,\gamma_1\right).$$

Ces coordonnées sont positives, donc *il peut arriver que sur un simple coup de vent l'aéroplane monte plus haut que son point de départ.*

C'est cette conséquence que M. Bazin a aperçue en raisonnant simplement sur la composition des vitesses relatives, il y a une quinzaine d'années. Cette théorie, acceptée par Marey, vient de faire l'objet d'un nouveau compte rendu à l'Académie [2]. M. Bazin admet en plus que, le vent se composant d'une succession périodique de pulsations, l'aéroplane subira une série d'ascensions périodiques qui le maintiendra horizontalement. C'est l'explication la meilleure du vol à voile ; mais elle place

---

[1] Remarquons qu'il faut remplacer V_1^2 par $\dfrac{P}{kS\,tg\,\gamma_1}$ et $tg^3\,\gamma_1$ par $\dfrac{s}{S}$. Tout s'exprime donc en fonction des caractéristiques.

[2] Voir *Comptes rendus hebdomadaires de l'Académie des sciences*, 17 avril 1905, n° 16, p. 1096.

un peu l'oiseau planeur dans la situation du joueur qui livre son capital aux fluctuations du tapis vert : si la bonne ondulation ne se présente pas à temps, il risque de perdre une précieuse partie de son altitude.

Un autre moyen de gagner de l'altitude est dans la main de l'aviateur : en modifiant convenablement l'angle d'attaque au moyen du gouvernail, il fait varier $\delta\theta_o - \delta\gamma_o$ en laissant $\delta V_o = o$ et il peut en résulter un point M situé plus haut que la trajectoire précédente ([1]).

Ce qui précède est subordonné à la question de savoir quand la trajectoire commence à se confondre avec la droite en question, c'est-à-dire quand $t > -\dfrac{\mathrm{I}}{\xi}$, et il y aurait probablement un intérêt pratique à trouver les conditions auxquelles doivent satisfaire les caractéristiques pour que les équations en ξ aient non seulement leurs racines ou parties réelles négatives, mais même assez grandes en valeur absolue. Ces aéroplanes ainsi construits seraient beaucoup plus stables.

Nous nous contenterons toutefois aujourd'hui de terminer cette première étude déjà longue par cette dernière conséquence annoncée dans un article précédent de la *Revue d'Artillerie* (août 1905, p. 358).

Conséquence XX. — Un aéroplane stable sans moteur parcourt une droite descendante avec une vitesse uniforme. Si sa vitesse vient à diminuer, il fait une abatée pour la retrouver et s'établit sur une droite parallèle à la première, mais située plus bas qu'elle. Si, au contraire, sa vitesse vient à augmenter, il se cabre pour la diminuer et s'établit sur une droite parallèle à la première, mais située plus haut qu'elle.

----

(1) Nous traiterons plus tard ce cas complètement. Mais il faut remarquer tout de suite que l'aviateur est maître uniquement de l'angle d'attaque ; il ne peut remonter qu'en l'augmentant et comme en l'augmentant il va diminuer sa vitesse de régime, il ne s'établira pas sur une droite plus élevée, si cette vitesse est insuffisante. (Voir les photographies 24 et 25, p. 241.)

THÉORIE DE L'HÉLICE PROPULSIVE

Il n'est pas possible de faire la théorie de l'aéroplane sans faire aussi celle du propulseur. Les avis de la foule des inventeurs d'aéroplanes sont, au sujet du genre de propulseur à employer, très partagés, car beaucoup ont contre l'hélice une grande prévention. Ils s'imaginent que l'hélice a un rendement déplorable et cherchent autre chose. Que trouvent-ils? Des surfaces battantes ou ondulantes, des roues à aubes ou des palettes élastiques, tous mécanismes possibles peut-être, mais dont le rendement est totalement inconnu. Au contraire, le rendement de l'hélice propulsive est de 5o p. 100 dans le cas le plus défavorable, et peut monter jusqu'à 8o et 9o p. 100 : ce n'est pas là un mauvais intermédiaire. Enfin, à notre avis, une raison péremptoire plaide en faveur d'un propulseur rotatif : les moteurs que nous possédons font naturellement tourner des arbres. D'un autre côté, les roues à aubes sont encombrantes et il ne reste plus que l'hélice. Seulement on ne trouve nulle part la solution du problème que se posent les aviateurs et qui est pourtant bien déterminé.

Ce problème est le suivant : Étant donnée une hélice mue par un moteur qui fournit tant de chevaux, quelle vitesse pourra-t-elle communiquer à un système qui a besoin pour se mouvoir d'un effort de tant de kilogrammes?

Ce problème devrait être classique depuis longtemps, car il semble avoir dû être proposé à la sagacité des architectes navals; il n'en est rien cependant. Pour eux, ce problème n'est pas aussi impératif; leurs constructions flottant toujours, ils peuvent essayer une série d'hélices et procéder par corrections successives.

Les aviateurs, eux, doivent tomber de prime abord sur la bonne hélice, sinon, leur construction ne flottant pas du tout, aucune expérience ne peut les mettre sur la voie

de la bonne correction. Ils se trouveront dans le cas des
architectes navals à partir du moment où un premier
aéroplane aura flotté, ou lorsque, le poids des moteurs
ayant encore baissé, ils auront à bord l'excès de force
qui rendra suffisantes même de mauvaises hélices.

C'est M. Drzewiecki qui a le premier fait apparaître,
dans la théorie des hélices propulsives, l'influence si
importante de l'angle d'attaque. C'est également lui qui
le premier a montré que le rendement des hélices
aériennes pouvait être considérable ([1]). Le colonel Renard
a publié seulement la théorie des hélices au point fixe,
laquelle n'est applicable qu'aux hélicoptères.

D'autres expérimentateurs comme Wellner([2]), Maxim([3]),
Langley ([4]), ont exécuté des expériences importantes
sur les hélices; mais aucun n'a fait la synthèse de manière à résoudre le problème posé plus haut.

Pour l'eau, les travaux sont nombreux et il est bon de
se laisser guider par eux. Notons à ce point de vue
l'ouvrage de M. Lelong, ingénieur de la marine ([5]), qui
résume très heureusement les diverses théories connues
et qui met d'emblée le débutant à hauteur des derniers
progrès de la théorie des hélices marines.

En profitant de tous ces travaux, on peut exposer
assez simplement la théorie de l'hélice propulsive :

Soit (fig. 22) une palette d'hélice tournant autour d'un
axe horizontal XX'. Considérons un élément de surface
compris entre deux sections cylindriques voisines ρ et
$\rho + d\rho$, développons-le en mn; soient L sa longueur et l
sa hauteur au maître couple affectée, s'il y a lieu, d'un

([1]) *Comptes rendus de l'Académie*, 4 avril 1892, p. 820. — *Bulletin de
l'Association technique maritime*, n° 3, 1892. — *Congrès d'architecture
navale*, 1900. — *Association technique maritime*, n° 12, 1901.

([2]) *Zeitschrift des Oesterreichischen Ingenieur-Vereins*, 1896, n° 35.

([3]) *Revue de l'Aéronautique*, 1892, p. 46.

([4]) *Revue de l'Aéronautique*, 1893, p. 37.

([5]) *État actuel de la question des hélices*, par LELONG, chez Chapelot,
1904.

coefficient de réduction dû à la forme, mesurant en quelque sorte la facilité de pénétration dans l'air ([1]).

Cet élément est animé d'une vitesse de rotation $2\,\pi\,n\rho$,

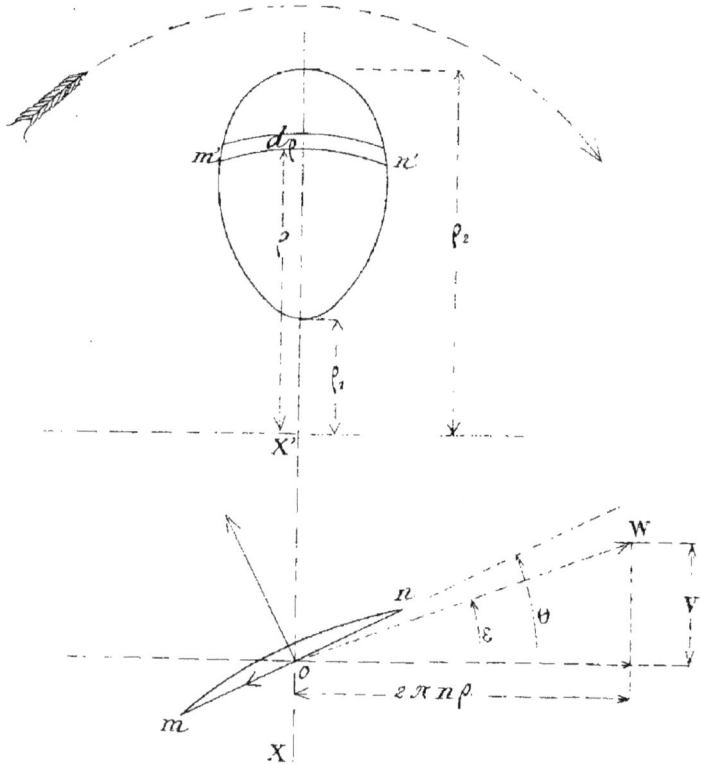

Fig. 22.

n étant le nombre de tours par seconde. Il possède encore la vitesse d'avancement V (mètres par seconde),

---

([1]) L'introduction de cette quantité l permet également de tenir compte du frottement.

commune à tout le système ; sa vitesse absolue est donc $OW = \dfrac{2\pi n\rho}{\cos \varepsilon}$ et son angle d'attaque $\theta - \varepsilon$, θ étant l'inclinaison de l'élément de palette, inclinaison qui est fonction du pas.

L'élément subit ainsi comme l'aéroplane deux forces : l'une utile perpendiculaire à l'élément

$$k\,(L\,d\rho)\left(\frac{2\pi n\rho}{\cos\varepsilon}\right)^2 \sin(\theta-\varepsilon),$$

($k =$ coefficient de résistance de l'air), l'autre nuisible parallèle à l'élément

$$k\,(l\,d\rho)\left(\frac{2\pi n\rho}{\cos\varepsilon}\right)^2 \cos(\theta-\varepsilon).$$

En projetant ces forces sur la direction de l'avance, on obtient la poussée élémentaire due à l'élément :

$$d\mathrm{F} = k\,(L\,d\rho)\left(\frac{2\pi n\rho}{\cos\varepsilon}\right)^2 \sin(\theta-\varepsilon)\cos\theta$$
$$- k\,(l\,d\rho)\left(\frac{2\pi n\rho}{\cos\varepsilon}\right)^2 \cos(\theta-\varepsilon)\sin\theta.$$

En projetant sur la perpendiculaire et multipliant par $2\pi n\rho$, on obtient le moment moteur, c'est-à-dire le travail élémentaire nécessaire à la rotation :

$$d\mathcal{E} = k\,(L\,d\rho)\frac{(2\pi n\rho)^3}{\cos^2\varepsilon}\sin(\theta-\varepsilon)\sin\theta$$
$$+ k\,(l\,d\rho)\frac{(2\pi n\rho)^3}{\cos^2\varepsilon}\cos(\theta-\varepsilon)\cos\theta.$$

En construisant l'hélice, ce qui se fait naturellement, de manière que l'épaisseur l soit proportionnelle à la largeur, on peut poser, par analogie avec la théorie de l'aéroplane,

$$\frac{l}{L} = \operatorname{tg}^2 \gamma_1,$$

et les deux formes deviennent en passant aux tangentes

$$dF = k(L\,d\rho)(2\pi n\rho)^2 \left[\frac{tg\,\theta - tg\,\varepsilon - tg\,\theta\,tg^2\,\gamma_1(1 + tg\,\varepsilon\,tg\,\theta)}{\cos\varepsilon\,(1 + tg^2\,\theta)}\right]$$

$$d\mathfrak{C} = k(L\,d\rho)(2\pi n\rho)^3 \left[\frac{tg\,\theta\,(tg\,\theta - tg\,\varepsilon) + tg^2\,\gamma_1(1 + tg\,\varepsilon\,tg\,\theta)}{\cos\varepsilon\,(1 + tg^2\,\theta)}\right].$$

On voit que F est proportionnelle à n^2 et du 4e degré par rapport à l'unité de longueur, d'autre part $\mathfrak{C}$ sera proportionnel à n^3 et du 5e degré par rapport à l'unité de longueur.

C'est pour cette raison que le colonel Renard pose *à priori*, dans sa note à l'Académie ([1]), pour les hélices au point fixe :

$$F = \alpha\, n^2 d^4$$
$$\mathfrak{C} = \beta\, n^3 d^5$$

car il rapporte ainsi tout au diamètre. Mais il a laissé dans le vague les autres variables qui entrent forcément dans les coefficients α, β, et qui sont : le pas, la fraction de pas ([2]), le coefficient de la résistance de l'air et le coefficient de frottement.

Pour se rendre compte de la manière dont ces variables s'introduisent dans ces coefficients, il suffit de pousser plus loin l'analyse des formules, en remarquant que l'on a par la définition du pas H :

$$tg\,\theta = \frac{H}{2\pi\rho}$$

par la forme donnée à la palette :

$$L = f\left(\frac{2\pi\rho}{d}\right) \times d,$$

([1]) *Comptes rendus*, 23 novembre 1903, p. 843.
([2]) Il est convenable de se conformer aux usages des marins qui appellent fraction de pas le rapport de la surface des palettes projetées sur le cercle couvert par l'hélice à ce cercle même.

f étant une fonction numérique et d le diamètre de l'hélice. Enfin par construction

$$\text{tg}\,\varepsilon = \frac{V}{2\,\pi n \rho}.$$

Si nous introduisons ici la notion du recul relatif [1], également employée en marine, cette dernière relation se simplifie par l'élimination de n, ce qui donne (H étant le pas)

$$\text{tg}\,\varepsilon = \frac{H\,(1-r)}{2\,\pi\,\rho}.$$

Et les formules deviennent en posant $\dfrac{2\,\pi\rho}{d} = x$ et introduisant le rapport h du pas H au diamètre d :

$$dF = \frac{k n^2}{2\,\pi}\,h x\,d^4 f(x)\left[\frac{r\left(1 + \frac{h^2}{x^2}\,\text{tg}^2\,\gamma_1\right)}{1 + \frac{h^2}{x^2}} - \text{tg}^2\,\gamma_1\right]dx$$

$$d\mathfrak{C} = \frac{k n^3}{2\,\pi}\,x^3\,d^5 f(x)\left[\frac{r\,\frac{h^2}{x^2}\,(1 - \text{tg}^2\,\gamma_1)}{1 + \frac{h^2}{x^2}} + \text{tg}^2\,\gamma_1\right]dx$$

en négligeant au dénominateur $\cos\varepsilon$ qui est en pratique très voisin de l'unité. En intégrant de $x = 0$ à $x = \pi$ on obtiendra des expressions de la forme

$$F = n^2 d^4 h\,(A r - A'\,\text{tg}^2\,\gamma_1)$$
$$\mathfrak{C} = n^3 d^5\,(h^2 r\,B + B'\,\text{tg}^2\,\gamma_1)$$

où les intégrales A', B' sont des constantes et les intégrales A, B des fonctions numériques du pas relatif h dépendant de la forme.

Elles s'annulent avec la fraction de pas, car tous leurs

---

[1] Le recul absolu est la différence entre la vitesse de l'hélice dans un écrou solide et la vitesse du système : $n\text{H} - \text{V}$ et le recul relatif est le quotient de cette quantité par la vitesse de l'hélice dans l'écrou solide :

$$r = \frac{n\text{H} - \text{V}}{n\text{H}} \qquad \text{d'où} \qquad \text{V} = n\text{H}\,(1-r).$$

éléments sont multipliés par $f'(^1)$. De plus, il est aisé de voir que pour :

$$h = 0 \quad A = A' \qquad \text{et} \qquad B = (1 - tg^2\,\gamma_1)\,A'.$$
$$h = \infty \quad h\,(A - A'\,tg^2\,\gamma_1) = 0 \quad \text{et} \quad h^2\,B = (1 - tg^2\,\gamma_1)\,B'.$$

Ce que ces formules ont de très avantageux, c'est que le recul étant explicité il suffira, une fois leur exactitude pratique vérifiée, de mesurer les fonctions A et B au point fixe pour pouvoir passer de là sans difficulté au cas de l'hélice en mouvement.

Les mesures peuvent se faire au moyen de la balance, si commode, imaginée par le colonel Renard et décrite aux *Comptes rendus*.

Il suffit de construire une série d'hélices ne différant que par le pas, en y comprenant le pas 0 et le pas ∞. Pour chaque pas, on mesure la poussée et le travail absorbé ; le calcul des coefficients Renard α et β s'en déduit et l'on identifie avec

$$\begin{cases} \alpha = h\,(A\,r - A'\,tg^2\,\gamma_1) \\ \beta = h^2\,B\,r + B'\,tg^2\,\gamma_1. \end{cases}$$

Pour le point fixe, le recul est total et $r = 1$; le pas 0 donne

$$\beta_0 = B'\,tg^2\,\gamma_1$$

le pas ∞

$$\beta\infty = B'.$$

Le quotient fait obtenir le coefficient γ_1

D'autre part, la tangente à l'origine de la courbe des α donne

$$\lim \left(\frac{\alpha}{h}\right)_{h=0} = A'\,(1 - tg^2\,\gamma_1).$$

---

(1) On serait donc tenté d'écrire que les coefficients des formules de l'hélice sont proportionnels à la fraction de pas ; mais cela n'est pas, car on a remarqué à plusieurs reprises qu'on ne gagnait rien à augmenter la fraction de pas au delà d'une certaine limite. D'après nos dernières expériences, nous admettons que, dans l'air, les coefficients sont proportionnels à la puissance 2/3 de la fraction de pas.

On connaît ainsi les constantes A' et B', et par différence avec α, β on détermine A et B.

Fig. 23.

En résumé, cette analyse nous amène à proposer de remplacer les formules du colonel Renard

$$F = \alpha n^2 d^4$$
$$\mathfrak{C} = \beta n^3 d^5$$

par les deux suivantes plus générales

(1) $\qquad F = h\,(\alpha r - \alpha')\,n^2 d^4$

(2) $\qquad \mathfrak{C} = (h^2 \beta r + \beta')\,n^3 d^5,$

α, α', β, β' étant des coefficients dont nous venons de démontrer la possibilité de mesure au point fixe.

Pour vérifier directement les formules, nous avons fait construire un châssis muni de quatre roues (fig. 23) et nous y avons suspendu un moteur faisant tourner une hélice propulsive ; la traction de l'hélice est mesurée par un peson, le nombre de tours est enregistré et la vitesse résultante observée.

D'un autre côté, le moteur est étudié préalablement et on connaît par une table sa puissance en fonction du nombre de tours. On a donc à sa disposition tout ce qui est nécessaire pour mesurer directement les coefficients α, α', β, β'. Comme résultat, nous avons obtenu une concordance très suffisante entre la théorie et la pratique, et pour une série de huit hélices ne différant que par le pas nous avons trouvé les coefficients suivants :

h	0	1/3	1	2	3	4	6	12	∞
α	0,0180	0,0224	0,0312	0,0211	0.0143	0,0095	0,0057	0,0011	0,0000
β	0,0179	0,0220	0,0260	0,0194	0,0132	0,0092	0,0055	0,0010	0,0000

$f_0 = 0,22$ $\alpha' = 0,0001$ $\beta' = 0,0026$ $\operatorname{tg}^2 \gamma_1 = 0,0048$

Ces résultats permettent d'aborder le problème posé au début de cet article ; en effet, entre les trois équations : (1)(2) et

$$(3) \qquad V = nhd\,(1 - r)$$

on peut éliminer d'abord n par

$$(4) \qquad F = h\,(\alpha r - \alpha')\,d^2 \left(\frac{V}{h\,(1 - r)}\right)^2$$

$$(5) \qquad \mathfrak{C} = (h^2\,\beta r + \beta')\,d^2 \left(\frac{V}{h\,(1 - r)}\right)^3$$

puis d par division et il reste :

$$\frac{FV}{\mathcal{E}} = \frac{(\alpha r - \alpha')}{h^2 \beta r + \beta'} \, h^2 (1 - r).$$

Ce rapport exprime le rendement de l'hélice propulsive, car FV est le travail nécessaire à la sustentation et $\mathcal{E}$ le travail fourni à l'hélice. On voit qu'il passe par un maximum pour une valeur de $r < \frac{1}{2}$ qu'on trouvera en annulant la dérivée par rapport à r, soit ([1]) :

$$(6) \qquad - \frac{h^2 \beta}{h^2 \beta r + \beta'} + \frac{\alpha}{\alpha r - \alpha'} + \frac{-1}{1 - r} = 0.$$

En remplaçant, le rendement devient :

$$(7) \qquad \frac{FV}{\mathcal{E}} = \frac{\alpha (1 - 2 r) + \alpha'}{\beta}.$$

En donnant à r des valeurs croissantes, on aura par la relation (6) le pas correspondant ; puis par (7) le travail $\mathcal{E}$ nécessaire sur l'arbre de l'hélice. Enfin on calculera

$$n\,d = \frac{V}{h\,(1 - r)}$$

et d par sa valeur tirée de (1)

$$(8) \qquad d^2 = \frac{F}{h\,(\alpha r - \alpha')\,(n\,d)^2}.$$

Ayant d et nd, on obtiendra n par division et il en résultera un tableau de toutes les solutions possibles.

Remarquons que, si l'on fait usage de deux hélices, il

---

[1] Ce rendement passe aussi par un maximum pour un certain pas. Remarquons que, les constantes α' et β' étant très petites, le maximum augmente avec la valeur du rapport $\frac{\alpha}{\beta}$. De là l'importance de ce rapport qu'il faut toujours calculer quand on expérimente des hélices. Sa valeur ne dépasse pas 2.

Le maximum de ce rapport étant indépendant du coefficient de résistance de l'air, du pas, et de la fraction de pas, caractérise l'excellence de la forme d'une hélice.

faudra multiplier par 2 les seconds membres des relations (1) et (2). Ce facteur disparaît dans (4) et (5) ainsi
du reste que la fraction de pas, puisque tout est homo-
gène en α, α', β, β', de sorte que le pas et le travail nécessaire sont indépendants de la fraction de pas et du
nombre des hélices. Le facteur 2 reparaît au dénominateur du second membre de (8) et, par conséquent, le
nombre d'hélices ainsi que la fraction de pas en augmentant la surface d'appui agissent pour diminuer le diamètre d'hélice nécessaire.

Faisons une application au cas d'un aéroplane qui se
meut à la vitesse $V = 10$ m avec une traction de 60 kg ;
il est propulsé par deux hélices du modèle étudié précédemment. On obtient le tableau :

$r =$	0,0	0,1	0,2	0,3	0,4	0,5
$h =$	∞	6,0	1,2	0,7	0,6	0,0
$\mathcal{C} =$	0	10chx	12	20	40	∞
d	∞	57m	4	3,2	2,1	0
n	0	04,0	2,0	5,2	10	∞

Bien qu'il y ait une infinité de solutions, on voit que
les questions d'encombrement limitent immédiatement
le choix. Si, par exemple, on ne peut tolérer que des
hélices de 2m,50 de diamètre, le pas devra en être de
1m,60 pour qu'avec 8 tours par seconde et 25 chevaux on
puisse faire avancer avec un recul de 1/3 le système
considéré à la vitesse de 10 m par seconde.

Ce tableau montre aussi combien se trompent ceux
qui préconisent par raison de sentiment de petites hélices
tournant très vite ; en effet, on augmente ainsi le recul et
le rendement devient mauvais.

Cependant le problème peut se résoudre des deux
manières dès qu'on a de la force en excès, soit par de
grandes hélices tournant lentement, soit par de petites

hélices tournant très vite; cela vient de ce qu'il y a moins d'équations que d'inconnues. Ainsi tout le monde peut être satisfait.

Soit un système qui demande pour sa sustentation une vitesse de 16 m et un effort de traction $F = 80$ kg, on a 40 chevaux à sa disposition. Étudions le cas de deux hélices du modèle de Levavasseur dont les constantes, indépendantes du pas dans les limites considérées, sont :

$$\alpha = 0,032 \quad \alpha' = 0,000$$
$$\beta = 0,030 \quad \beta' = 0,003.$$

Les équations s'écrivent

(1) $$F = 2\alpha \, hrn^2 d^4$$
(2) $$\mathcal{C} = 2(\beta h^2 r + \beta') n^3 d^5$$
(3) $$V = nhd(1 - r).$$

En éliminant n et d et résolvant par rapport à h^2 :

$$h^2 = \frac{\beta' \dfrac{FV}{\mathcal{C}}}{\alpha r \left[1 - r - \dfrac{\beta}{\alpha} \dfrac{FV}{\mathcal{C}}\right]}.$$

Résolvant de même par rapport à d et n on trouve en fonction de r :

$$d^4 = \frac{F^2}{V^4} \times \frac{\beta'}{\alpha^3} \times \frac{FV}{\mathcal{C}} \times \frac{(1-r)^4}{r^3 \left(1 - r - \dfrac{\beta}{\alpha} \dfrac{FV}{\mathcal{C}}\right)}$$

et

$$n^4 = \frac{V^8}{F^2} \frac{\alpha^5}{\beta'^3} \frac{r^5 \left(1 - r - \dfrac{\beta}{\alpha} \dfrac{FV}{\mathcal{C}}\right)^3}{\left(\dfrac{FV}{\mathcal{C}}\right)^3 (1-r)^8}.$$

En donnant à r des valeurs croissantes, on trouve le tableau suivant :

	$r =$	0,0	0,1	0,2	0,3	0,4	0,5	0,6	0,65
Deux hélices	$h =$	∞	0,80	0,63	0,57	0,60	0,70	1,00	∞
	$d =$	∞	6m	3m	2m,1	1m,6	1m,3	1m,1	∞
	$n =$	0	3t,6	10t,6	20t	27t	34t	36t	0
Une hélice	$d_1 =$	∞	9m	4m,5	3m	2m,4	2m	1m,6	∞
	$n_1 =$	0	2t	7t	13t	18t	22t	25t	0

On voit donc que, théoriquement, les solutions s'étendent assez loin, mais que des questions d'encombrement les réduisent notablement dans la pratique.

Cette théorie était faite lorsque M. Santos-Dumont a exécuté son expérience, et les chiffres relevés à ce moment vont permettre une application réelle.

Son hélice calculée et dessinée par nous, construite par la société Antoinette, possède les coefficients donnés plus haut : son pas relatif est de 1/2 et son diamètre de 2 m ; remarquons que, cette hélice étant en prise directe, il faut qu'elle laisse tourner le moteur à sa vitesse de 25 tours par seconde, autrement le moteur ne fournirait plus les 50 chevaux pour lesquels il est construit. Cela limite absolument le diamètre de l'hélice à 2 m.

Quoi qu'il en soit, la vitesse obtenue étant de 10 m par seconde, on a :

$$(3) \qquad 10\,m = 25\,t \times \frac{1}{2} \times 2\,(1 - r)$$

$$(1) \qquad F = 0,038 \times \frac{1}{2}\,r\,\overline{25}^2 \times 2^4$$

$$(2) \quad 50 \times 75\,kgm = \left(0,030 \times \frac{1}{4}\,r + 0,003\right)\overline{25}^3 \times 2^5.$$

On en tire $r = 0,6$ et $F = 100$ kg.

On voit ([1]) que le recul est considérable et par consé-quent le rendement très mauvais. Nous allons nous ren-dre compte que cela tient uniquement au manque de démultiplication.

Supposons que nous placions une démultiplication telle que l'hélice ne fasse plus que dix tours par seconde, cela va nous permettre de placer une hélice de 3 m de diamètre et de pas $h = 1$.

On trouvera :

$$(1) \qquad 100 \text{ kg} = 0,033 \times r \times \overline{10}^2 \times 3^4$$
$$(2) \qquad 50 \times 75 = (0,030 \times r + 0,003)\, 10^3 \times 3^5$$

les équations sont sensiblement satisfaites pour $r = \frac{1}{3}$ et il en résultera une vitesse

$$(3) \qquad V = 10 \times 3 \left(1 - \frac{1}{3}\right) = 20 \text{ m},$$

ce qui est le double de la vitesse obtenue ; mais on ne peut pas blâmer M. Santos-Dumont d'avoir voulu sup-primer les engrenages, car c'est probablement grâce à cette simplification qu'il a pu faire avant les autres une expérience décisive.

Il suffit simplement d'énoncer une conséquence de la théorie des hélices :

Conséquence XXI. — On ne doit pas en général placer une hélice en prise directe sur le moteur, car pour donner sa force le moteur doit tourner à un nombre de tours déterminé, et pour donner le meilleur rendement l'hélice doit tourner aussi à un nombre déterminé de tours qui n'est pas forcément le même.

En résumé, le recul doit être faible et le diamètre de l'hélice en rapport avec la surface résistante de l'aéro-

---

([1]) Si l'on se reporte à nos formules (voir page 197), en admettant que l'aéroplane Santos ait marché « au plus près », on trouve par $F = P \operatorname{tg} 2\gamma$, $\frac{s}{S} = \operatorname{tg}^2\gamma$ et $k\, S\, V^2 = \frac{P}{\operatorname{tg}\gamma}$ que l'angle d'attaque est de plus de 9°, le coefficient de la résistance de l'air 0,3 et la surface nuisible de 1^{m^2},50.

plane. On peut chercher ce rapport *à priori :* on a par l'équation (1) de l'hélice

$$F = \alpha h r n^2 d^4,$$

et dans l'aéroplane, en se plaçant dans le cas du minimum de F (voir page 195),

$$F = 2\,ks\,V^2 = 2\,ksn^2 h^2 d^2\,(1 - r)^2.$$

De sorte que l'on a :

$$\frac{(\pi d^2)}{s} = \frac{2\pi\,k}{\alpha}\,\frac{h\,(1 - r)^2}{r};$$

le premier membre est le rapport entre la surface couverte par l'hélice et la surface nuisible de l'aéroplane : on voit que ce rapport s'exprime en fonction du recul.

On peut appeler cette équation l'équation du recul. Pour en profiter, il faut connaître la surface nuisible fictive s et le coefficient convenable k de la résistance de l'air pour l'aéroplane considéré. Ces quantités peuvent se trouver facilement, comme nous l'avons dit, en lançant l'aéroplane lesté sans moteur et en notant l'inclinaison de sa trajectoire limite avec la vitesse de régime.

Tels sont les résultats auxquels nous sommes arrivé ; nous espérons, en les publiant, rendre service aux aviateurs, qui disposeront ainsi de formules simples et commodes pour l'établissement de leurs projets (1).

---

(1) Cette théorie met en évidence un phénomène très désagréable ; quand la vitesse varie, la poussée et le nombre de tours varient également et il en résulte sur le moteur des à-coups qui peuvent le caler. L'ingénieur Levavasseur remédie à cet inconvénient en réduisant beaucoup la fraction de pas, ce qui rend l'hélice moins sensible aux variations d'angle d'attaque. Dans ces conditions, au point fixe elle barboterait en faisant tourbillonner l'air sans donner de poussée.

Il fait remarquer aussi qu'au point fixe le recul ne peut pas être pris égal à 1, car l'air prend une certaine vitesse par rapport à l'hélice et diminue de cette manière l'angle d'attaque. Il en résulte que les coefficients α β doivent être majorés de un tiers environ et cela ramène la poussée en marche à être très peu inférieure et le nombre de tours à être très peu supérieur à ceux du point fixe. Il y a là une assurance très favorable aux aviateurs.

CONSTANCE DE L'EFFORT DE PROPULSION

La puissance d'un moteur à pétrole est dans d'assez larges limites proportionnelle au nombre de tours (à peu près jusqu'au maximum de puissance ; au delà la puissance décroît rapidement avec le nombre de tours) et c'est un fait qui ne doit pas être perdu de vue par les aviateurs. Soit, par exemple, un moteur de 40 chevaux, qui donne ce nombre de chevaux à 22 tours par seconde. Rapprochons ce chiffre du tableau de la page 236. Nous voyons que seule l'hélice de 2 m et de pas $0,70 \times 2 = 1,40$ tournant à 22 tours donnera une force de traction de 80 kg et propulsera l'aéroplane à une vitesse de 16 m par seconde. Toutes les autres hélices tournant à des vitesses différentes demanderaient des démultiplications ou des multiplications pour laisser le moteur tourner au nombre de tours qui seul lui permet de donner toute sa force.

Il faut dans certains cas, par exemple quand la transmission est construite, introduire cette condition et pour cela il suffit d'écrire :

$$\mathfrak{C} = n\,C,$$

C étant alors une constante proportionnelle à la cylindrée. Les formules deviennent :

$$F = \alpha\, h r\, n^2 d^4$$
$$C = (\beta\, h^2 r + \beta')\, n^2 d^5$$
$$V = n h d\, (1 - r)$$

n s'élimine par division entre les deux premières

$$\frac{F d}{C} = \frac{\alpha\, h r}{\beta\, h^2 r + \beta'}$$

ce qui fait entrevoir un maximum pour un certain pas donné par

$$\beta\, h^2 r = \beta'.$$

On remarque aussi que, si β', qui est proportionnel au coefficient de frottement, disparaissait, le recul s'éliminerait de lui-même et que la force de propulsion F resterait absolument constante. D'autre part, quand on navigue sous un angle d'attaque constant, le recul ne variant pas, cette force reste constante aussi.

MÉTHODE DIVINATOIRE POUR TROUVER
LA FORMULE DE L'HÉLICE PROPULSIVE

Toute cette analyse faite pour établir les formules de l'hélice peut être singulièrement abrégée si l'on applique la méthode dite de « divination ».

Étant donné que la force de propulsion et le travail sont fonctions du coefficient de la résistance de l'air, du recul relatif, du pas relatif, du nombre de tours et du diamètre, on peut écrire :

$$F = f(k, r, h, n, d),$$
$$\tau = f'(k, r, h, n, d).$$

Comme il faut que ces relations soient indépendantes des unités, écrivons dans un tableau avec quels exposants les données dépendent des unités de force, de longueur et de temps :

		FORCE	LONGUEUR	TEMPS
		Exposants :		
	F	1	0	0
	τ	1	1	— 1
Données...	k	1	— 4	2
	r	0	0	0
	h	0	0	0
	n	0	0	— 1
	d	0	1	0

Par ce tableau, on voit que, dans la fonction f, le coefficient k seul contient l'unité de force au premier degré. Pour qu'il y ait homogénéité avec le premier membre, il doit donc venir en facteur au premier degré et cela oblige par suite n et d à sortir du signe de la fonction f avec les exposants n^2 et d^4 et de la fonction f_1 avec les exposants n^3 et d^5.

Il vient donc :

$$F = k n^2 d^4 f(h, r)$$
$$\tau = k n^3 d^5 f'(h, r),$$

r étant petit, on peut développer avec deux termes :

$$F = k n^2 d^4 (A r + A')$$
$$\tau = k n^3 d^5 (B r + B').$$

Fig. 24.

Cas d'une trajectoire montrant une ressource obtenue à la suite d'un coup de gouvernail.

Fig. 25.

Photographie de l'aéroplane pendant l'expérience.

Les A et B contiennent encore h. Remarquons que F change de sens avec le pas et s'annule avec lui dans tous les cas, de sorte que dans la première formule h vient en facteur

D'un autre côté, supposons que l'hélice avance aussi vite que dans l'écrou solide, le recul est nul, la poussée et le travail seraient aussi nuls s'il n'y avait pas de frottement et cela quel que soit le pas. Donc A' et B' sont multipliés par le coefficient de frottement et indépendants de h.

D'un autre côté, le travail ne change pas quand le pas change de sens, mais il s'annule avec lui quand le frottement est nul ; il en résulte que B contient h^2 en facteur.

C'est ainsi que l'on arrive à la forme déjà trouvée

$$F = \alpha h r n^2 d^4$$
$$\mathcal{C} = (\beta h^2 r + \beta') n^3 d^5$$

le coefficient α' étant d'après l'expérience pratiquement nul.

On pourrait encore introduire la fraction pas, qui a une tendance à venir en facteur puisque la poussée et le travail s'annulent avec elle ; mais il conviendrait de l'affecter d'un exposant fractionnaire (environ 0,7) parce que l'expérience prouve que la proportionnalité n'est pas exacte.

Les coefficients α, β contiennent encore h et si le pas est grand il faut poser $\alpha = \dfrac{A}{h^2} + \dfrac{A_2}{h^3} + \ldots$ et $\beta = \dfrac{B}{h^2} - \dfrac{B_2}{h^3} + \ldots$ parce que pour $h = \infty$ la poussée est nulle et le travail maximum. Toutefois jusqu'à $h = 3$ on peut considérer α et β comme constants.

ABAQUE POUR LE CALCUL DES HÉLICES PROPULSIVES

$$F = \alpha h r n^2 d^2$$
$$\mathcal{C} = (\beta h^2 r + \beta') n^3 d^5$$
$$V = n h d (1 - r)$$

Dans lesquelles :

F est la poussée en kilogrammes,

$\mathcal{C}$ le travail sur l'arbre en kilogrammètres,

V   la vitesse obtenue en mètres par seconde,

r le recul relatif,

n le nombre de tours de l'hélice par seconde,

h le rapport du pas au diamètre,

α, β, β' sont les coefficients caractéristiques de l'hélice.

L'abaque s'applique à un type d'hélice moyen ayant pour caractéristiques

$$\frac{\beta}{\alpha} = 0,8$$

$$\alpha = \frac{1}{15}$$

$$\frac{\beta'}{\beta} = 0,1.$$

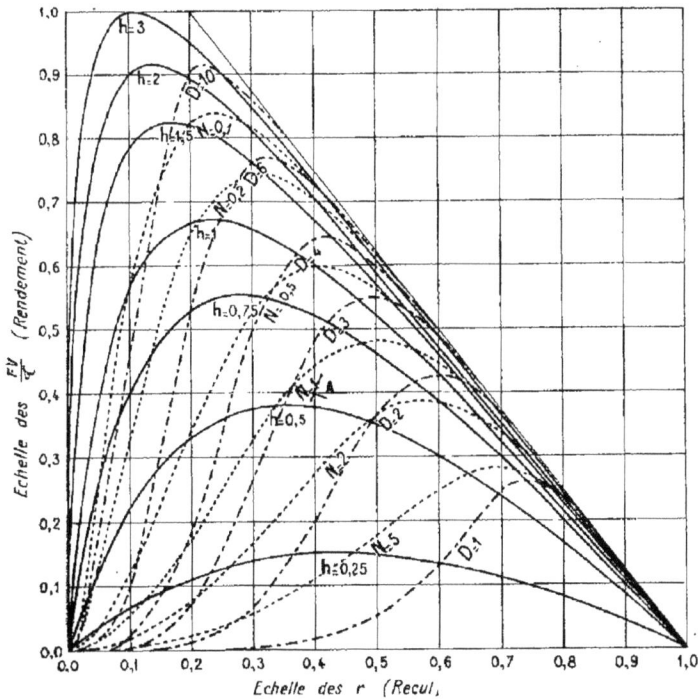

L'abaque donne la valeur des fonctions D et N définies par les
relations

$$d = \frac{\sqrt{F}}{V} \times D \quad \text{et} \quad n = \frac{V^2}{\sqrt{F}} \times N.$$

NOTA I. — Si l'on considère deux hélices entraînées, il faut diviser
les valeurs de D par $\sqrt{2}$ et multiplier celles de N par $\sqrt{2}$.

Nota II. — Dans le cas d'un type d'hélice différent ayant pour caractéristiques $\alpha_1 \beta_1 \beta'_1$ on peut utiliser le même abaque en prenant pour ordonnée non pas $\dfrac{FV}{\mathfrak{C}}$ mais $\dfrac{FV}{\mathfrak{C}} \times \dfrac{\alpha_1 \times 0,8}{\beta_1}$ et en multipliant les graduations des courbes h, D, N respectivement par

$$\sqrt{\frac{10 \, \beta'_1}{\beta_1}}\; ; \qquad \sqrt[4]{\frac{\beta'}{\beta_1} \frac{2250}{\alpha_1^2}}\; ; \qquad \sqrt[4]{\frac{225}{1000} \frac{\alpha_1^2 \beta_1^3}{\beta_1'^3}}.$$

Instruction pour se servir de l'abaque

Pour déterminer l'hélice nécessaire à un aéroplane ayant, par exemple, besoin pour voler d'une poussée F = 100 kg, d'une vitesse V = 12 m, en disposant sur l'arbre de $\mathfrak{C} = 40 \times 75 = 3\,000$ kgm on forme la quantité $\dfrac{FV}{\mathfrak{C}} = 0,4$ que l'on porte dans l'abaque en ordonnée.

En tous les points de l'abaque ayant pour ordonnée 0,4 passent 3 courbes h, D et N qui donnent une solution de la question qui est indéterminée.

Pour lever l'indétermination, on peut décider, par exemple, de mettre l'hélice en prise directe sur le moteur. Le moteur donnant par hypothèse ses 40 chevaux à 1 100 tours par minute, ou 18,66 par seconde, il faut que l'hélice tourne à cette vitesse.

Il en résulte la détermination d'une courbe

$$N = \frac{n \sqrt{F}}{V^2} = \frac{18,66 \times 10}{144} = 1,2.$$

On trace cette courbe en l'interpolant à vue et il en résulte un point A où l'on lit à vue

$$D = 2,6, \; h = 0,52 \; \text{et} \; r = 0,4.$$

Il en résulte que le recul relatif sera de 0,4, que le diamètre vaudra

$$d = \frac{\sqrt{F}}{V} D = \frac{10}{12} \times 2,6 = 2^m,16$$

et que le pas sera

$$0,52 \times 2,16 = 1^m,12.$$

C'est la solution de notre aéroplane n° IX.

On peut profiter de l'indétermination pour chercher à augmenter le rendement. Il suffit pour cela de faire l'hélice la plus grande possible. Supposons que nous puissions au plus placer sur l'aéroplane deux hélices de 3 m de diamètre.

Cela détermine une courbe

$$D = \frac{Vd}{\sqrt{F}}\sqrt{2} = \frac{12 \times 3 \times 1,41}{10} = 5,0$$

dont le point le plus haut est tangent à l'ordonnée $\frac{FV}{\mathcal{C}} = 0,69$, ce qui nous donne pour abscisse $r = 0,36$ et deux courbes, l'une $h = 1,1$ qui détermine le pas de $1,1 \times 3 = 3^m,33$, l'autre $N = 0,3$ qui détermine le nombre de tours

$$n = \frac{V^2}{\sqrt{F}} N \sqrt{2} = \frac{144}{10} \times 0,3 \times 1,41 = 6^t,1$$

par seconde et donne par conséquent le rapport de démultiplication (environ un tiers si le moteur est du même genre que ci-dessus). D'un autre côté, le rendement $\frac{TV}{\mathcal{C}} = 0,69$ nous donne le nouveau nombre de kilogrammètres nécessaires, soit

$$\mathcal{C} = \frac{FV}{0,69} = \frac{100 \times 12}{0,69} = 1739 \text{ kgm ou } 23 \text{ chx environ.}$$

C'est la solution de notre aéroplane n° VIII.

On voit donc encore de cette manière quel gain prodigieux procure la démultiplication puisque non seulement le moteur est presque moitié moins fort, mais encore que le gain de poids qui en résulte est d'au moins 75 kg, ce qui permet d'emporter un passager, tout en ayant un rayon d'action double, le moteur consommant moitié moins.

Au contraire, une modification dans les formes de l'hélice ne ferait bénéficier que de quelques centièmes.

SUR LES AÉROPLANES LIMITES

Le produit de la poussée F par la vitesse V d'un aéroplane donne le travail théorique nécessaire pour le faire voler. Pratiquement, il faudra davantage à cause du rendement du propulseur ; soit $\mathcal{C}$ les kilogrammètres disponibles sur l'arbre de l'hélice et ρ son rendement, on aura :

$$\frac{FV}{\mathcal{C}} = \rho.$$

Mais on a vu que $F = 2 P \gamma$, P étant le poids total de l'aéroplane et γ l'angle d'attaque.

D'un autre côté, si ϖ est le poids par cheval de la partie motrice tout entière, elle pèsera $\dfrac{\varpi \mathcal{C}}{75}$ et elle représentera une fraction $\dfrac{1}{m}$ du poids de l'aéroplane d'où

$$\mathcal{C} = \frac{75}{\varpi} \frac{P}{m}$$

et en remplaçant

$$V = \frac{75 \rho}{2 \gamma . \varpi . m},$$

ce qui donne la vitesse maxima que peut avoir l'aéroplane en question.

Cherchons ainsi la limite de vitesse que dans le futur pourront espérer les aéroplanes.

Supposons que le rendement aille jusqu'à $\rho = 0,8$; que, comme pour les oiseaux les plus aptes, $2 \gamma = 0,1$; que le poids par cheval de la partie motrice entière s'abaisse à $\varpi = 3$ et que la partie motrice occupe la moitié du poids $m = 2$.

On trouve

$$V = 100 \text{ m},$$

ce qui correspond à 360 km à l'heure comme limite asymptotique de vitesse. Notons que cet aéroplane ne serait pas très habitable, la machine l'occupant presque tout entier [1].

On arrive à un type plus certain en supposant toujours le rendement $\rho = 0,8$, la partie motrice $\varpi = 4$ kg occupant le quart du poids et $2 \gamma = \dfrac{1}{8}$,

$$V = 30 \text{ m}.$$

C'est le type de 100 km à l'heure.

Pour arriver au type de 150 km à l'heure il faut permettre à la machine d'occuper le tiers du poids avec les mêmes autres données.

---

(1) La condition que nous imposons à γ d'être petit conduit aux aéroplanes gigantesques, car la surface alaire doit être considérable par rapport au maître couple nuisible en vertu de la relation $\gamma = \sqrt{\dfrac{s}{S}}$ et enfin l'énorme densité alaire conduit aux gros poids. Conclusion : Seuls les gros aéroplanes feront les vitesses inouïes dont on parle.

La vitesse une fois trouvée on obtient la densité alaire par la formule

$$k\, \mathrm{S V^2 \sin \gamma = P}$$

en faisant $k \sin \gamma = 0,07$.

Ainsi le type de 360 km à l'heure aura

$$\frac{\mathrm{P}}{\mathrm{S}} = 700;$$

il serait, comme aile, très facile à construire puisqu'il n'y en aurait presque plus.

Le type de 150 km à l'heure ou 40 m à la seconde a pour densité alaire

$$\frac{\mathrm{P}}{\mathrm{S}} = 112,$$

il est encore très facile à construire.

Le type de 100 km à l'heure ou 30 m à la seconde a pour densité alaire

$$\frac{\mathrm{P}}{\mathrm{S}} = 63.$$

Le type de 80 km à l'heure correspond à

$$\frac{\mathrm{P}}{\mathrm{S}} = 25.$$

Tous ces types sont très faciles à construire parce que, en somme, ils n'ont presque pas d'ailes.

Mais le type 10 m à la seconde, 36 km à l'heure, donne

$$\frac{\mathrm{P}}{\mathrm{S}} = 7.$$

On ne peut pas songer à le construire en monoplan, car la surface devient relativement considérable.

C'est à cause de la petite densité alaire qu'autrefois l'on ne pouvait pas songer à réaliser l'aéroplane. En effet, du temps où les moteurs pesaient 50 kg par cheval (colonel Renard, 1889 ; Henson, 1842), le calcul précédent montre qu'on ne pouvait espérer que 6 m par seconde de vitesse au plus, la densité alaire correspondante était de 2,5, ce qui obligeait tout de suite à construire des centaines de mètres carrés de surface.

C'est toujours cette difficulté qui empêchera quelque temps de construire des aéroplanes-paquebots. M. le lieutenant de vaisseau

Calderara, de la marine italienne, fait déjà remarquer avec juste raison que le destroyer anglais *Viper* avec 370 tonnes, 12 000 chevaux, possède assez de puissance pour le faire voler. Cela est vrai, il s'envolerait avec une vitesse de 19 m par seconde ; mais il lui faudrait pour cela *un hectare* de voilure !

Nous pensons cependant qu'un jour arrivera où, les machines marines allégées, on fera s'envoler des aéroplanes grands comme des torpilleurs et munis d'hydroplanes afin de pouvoir partir au-dessus de l'eau.

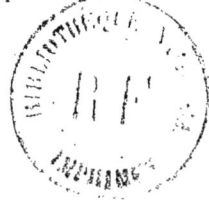

TABLE DES MATIÈRES

Nancy, impr. Berger-Levrault et Cie

BERGER-LEVRAULT ET Cⁱᵉ, ÉDITEURS

PARIS, 5-7, RUE DES BEAUX-ARTS — RUE DES GLACIS, 18, NANCY

La Force physique. *Culture rationnelle. Méthode Attila. Méthode Sandow. Méthode Desbonnet.* La santé par les exercices musculaires mis à la portée de tous, par DESBONNET, professeur, fondateur des écoles de culture physique de Lille, Roubaix, Paris. 6ᵉ édition. 1909. Un volume in-8, avec 89 figures, broché . . . . **5 fr.**
Élégamment relié en percaline gaufrée or . . . . **6 fr.**

L'Art de créer le Pur-Sang humain, par le docteur Georges ROUHET et le professeur DESBONNET. Préfaces de G. STREHLY et d'Albert SURIER. 1908. Volume in-8 de 473 pages, avec 182 photographies et gravures, broché . . . . **10 fr.**
Élégamment relié en percaline souple gaufrée or . . . . **12 fr. 50**

Comment on devient champion de la force, d'après les documents de Pierre BONNES, champion du monde de force (1903-1905), vainqueur du challenge Dubonnet, par Georges DUBOIS, professeur. Préface du professeur DESBONNET, directeur des écoles de culture physique de Paris. 1909. Un volume in-8 de 132 pages, avec 49 figures, broché. **3 fr. 50**
Élégamment relié en percaline souple gaufrée or . . . . **4 fr. 50**

Comment on devient beau et fort. *Traité pratique élémentaire de culture physique,* par Albert SURIER. 9ᵉ édition. 1907. Volume in-8, avec 50 figures, broché. **2 fr.**

La Force pour tous. *Santé. Force. Beauté. Traité pratique de culture physique rationnelle,* par le même. 1907. Volume gr. in-8, avec de nombreuses figures, br. **3 fr. 50**

Petits Jeux athlétiques de société, par Léon SÉE. 1907. Un volume in-12, avec de nombreuses figures, broché . . . . **1 fr. 50**

Traité complet de Jiu-Jitsu. Méthode Kano. *Jiu-Jitsu officiel du gouvernement japonais. Coups dangereux ou mortels. Knatsu ou science du rappel à la vie,* par IRVING HANCOCK et KATSUKUMA HIGASHI. Traduction de L. FERRUS, chef d'escadron d'artillerie. et J. PESSEAUD, capitaine d'artillerie. 1908. Un fort volume in-8, avec 505 photographies d'après nature, broché sous couverture illustrée . . . . **12 fr. 50**
Élégamment relié en percaline souple gaufrée or . . . . **15 fr.** »

Jiu-Jitsu. *Méthode d'entraînement et de combat qui a fait des Japonais les adversaires les plus redoutables du monde,* par IRVING HANCOCK. Traduit par le chef d'escadron d'artillerie L. FERRUS, ancien élève de l'élève de l'École des langues orientales, et le capitaine d'artillerie J. PESSEAUD. 1905. Un volume in-12, avec 19 planches photographiques d'après nature, broché. **3 fr. 50.** — Élégamment relié en percaline souple gaufrée or. **4 fr. 50**

Coups de combat de Jiu-Jitsu. *Procédés japonais d'attaque et de défense pour le combat individuel,* par les mêmes auteur et traducteurs. 1909. Un volume in-12, avec 32 planches photographiques d'après nature, broché . . . . **3 fr. 50**
Élégamment relié en percaline souple gaufrée or, tête rouge . . . . . **4 fr. 50**

Le Jiu-Jitsu et la Femme. *Méthode japonaise d'entraînement physique pour les femmes,* par les mêmes auteur et traducteurs. Préface du docteur LAGRANGE. 1906. Un volume in-12, avec 32 planches photographiques d'après nature, broché sous couverture illustrée. **3 fr. 50.** — Élégamment relié en percaline souple gaufrée or. . **4 fr. 50**

Le Mouvement et les Exercices physiques. *Leçons pratiques sur les systèmes osseux et musculaire,* par le Dʳ L.-E. DURCY, médecin de l'hôpital de Saint-Denis. Introduction par le Dʳ DASTRE, professeur de physiologie à la Faculté des sciences de Paris. 1893. Volume in-8 de 358 pages, avec 139 figures, broché . . . . **5 fr.**

Règlement sur l'Instruction de la Gymnastique, approuvé le 22 octobre 1902. Un volume in-8 étroit, avec 350 figures, cartonné. **1 fr.** — Percaline souple. **1 fr. 25**
— Annexes. *I. Notions de physiologie. II. Jeux en plein air. III. Description du matériel, gymnastique et natation.* 1905. Un volume in-8 étroit, avec 3 planches et 4 figures, cartonné. . . . . . **1 fr.** — Percaline souple . . . . **1 fr. 25**

Règlement d'Escrime (*Fleuret — Épée — Sabre*), approuvé par le Ministre de la guerre le 6 mars 1908. Un volume in-8 étroit de 104 pages, avec 62 fig., cartonné. **60 c.**
En élégante reliure maroquinée gaufrée or, tranches rouges . . . . . **1 fr. 50**

Évaluation des distances. *Reconnaissance des objectifs et du terrain,* par le général PERCIN. 3ᵉ tirage. 1908. Brochure in-8 de 55 pages, avec une planche . . . . . **60 c.**

L'Homme s'envole

LE PASSÉ, LE PRÉSENT ET L'AVENIR DE L'AVIATION

par le Capitaine breveté L. SAZERAC DE FORGE

1909. Un volume in-8 de 101 pages, avec 42 figures, broché . . . . **1 fr. 50**

L'Aéroplane des frères Wright. — *Historique.* — *Expériences.* — *Description.*
1908. Brochure in-8, avec une planche de figures. . . . . **1** fr.

Essai sur la Navigation aérienne. *Aérostation, Aviation*, par G. LAPOINTE, enseigne
de vaisseau. 1896. Un volume in-8, broché . . . . **3 fr. 50**

De la Restitution du plan au moyen de la téléphotographie en ballon,
par L. PEZET, capitaine du génie. 1907. In-8, 80 pages, avec 37 figures, broché. . **2 fr.**

Les Ballons dirigeables. *Théorie. Applications*, par E. GIRARD et A. DE ROUVILLE,
élèves ingénieurs des ponts et chaussées, officiers de réserve du génie. 2ᵉ édition, augmentée des annexes : Le ballon *Lebaudy* — Le ballon *Patrie*, par le commandant VOYER.
1908. Un volume in-8 de 386 pages, avec 174 figures, broché. . . . . **5** fr.

La Conquête de l'Air. *Le problème de la locomotion aérienne. Les dirigeables et
l'aviation. Leurs applications*, par le capitaine breveté L. SAZERAC DE FORGE. Avec préface de l'ingénieur H. JULLIOT, créateur du *Lebaudy* et du *Patrie*. Nouvelle édition refondue.
Un volume grand in-8 de 390 pages, avec 136 instantanés, figures et portraits. br. **10** fr.
Relié en percaline gaufrée or, plaque spéciale, tête rouge . . **12 fr. 50** (*Sous presse*).

Les Pannes en Automobile. *Leurs méfaits ; leurs remèdes ; ce que doivent conte-
nir les coffres d'une voiture automobile*, par H. GENTY (DE LA TOULOUBRE), capitaine d'artillerie. 3ᵉ édition, revue et augmentée. 1907. In-8, 72 pages, avec 6 figures, broché. **1 fr. 50**

Les Automobiles à l'Exposition de 1900. Extrait du *Rapport de la Commission
militaire de l'Exposition universelle de 1900*. 1903. Un volume grand in-8 de 364 pages,
avec 336 figures, broché . . . . **7 fr. 50**

Curiosités cyclistes et automobiles. *Roue libre. Bicyclettes et tandems à pétrole.
L'invention de la locomotion automobile*, par L. FERRUS, chef d'escadron d'artillerie. 1904.
Brochure in-8, avec 10 figures et 2 planches hors texte . . . . **2 fr.**

Curiosités cyclistes. *Bicyclette percutante à une et à deux vitesses*, par le même.
1904. Brochure in-8, avec 9 figures . . . . **1 fr.**

La Bicyclette rétro-directe, par le capitaine E. PERRACHE. 3ᵉ tirage. 1906. In-8, avec
16 figures, broché . . . . **1 fr.**

Étude sur la Bicyclette, par J. FALOQUE, capitaine d'artillerie. 1896. Brochure in-8,
avec 32 figures dans le texte et 2 planches in-folio hors texte . . . . **2 fr.**

La Roue, *Étude paléo-technologique*, par F. FORESTIER, inspecteur général des ponts et
chaussées, professeur du cours de routes à l'École des ponts et chaussées. 1901. Un vol.
grand in-8, avec 161 figures, broché . . . . **3 fr.**

Dix ans de Touring-Club, par le docteur Léon PETIT. 1904. Un volume in-12 de
314 pages, broché . . . . **3 fr.**

Code du Cycliste, par Léon GARNIER et Paul DAUVERT. (Taxe sur les vélocipèdes. Circu-
lation. Vélocipédie militaire. Télégraphe.) 1895. Un volume in-12, broché . . . . **2 fr.**

Automobiles et Vélocipèdes. *Réglementation. Réclamations. Renseignements divers, etc.* Extrait de l'ouvrage *Demandes et Réclamations administratives*, par M. BOIVIN,
sous-préfet, et Ch. FENNY, secrétaire-greffier de conseil de préfecture. 1901. Plaquette
in-18, brochée . . . . **60** c.

Nancy, impr. Berger-Levrault et Cⁱᵉ